FILHOS DESVIADOS

C. JOHN MILLER E
BARBARA MILLER JULIANI

FILHOS DESVIADOS

A GRAÇA
DE DEUS EM
BUSCA DOS
PRÓDIGOS

Dados Internacionais de Catalogação na Publicação (CIP) (Câmara Brasileira do Livro, SP, Brasil)

Miller, C. John, 1928-1996
　　Filhos desviados : a graça de Deus em busca dos pródigos / C. John Miller, Barbara Miller Juliani ; tradução Meire Santos. -- 1. ed. -- São José dos Campos, SP : Editora Fiel, 2025.

　　Título original: Come back Barbara
　　ISBN 978-65-5723-395-5

　　1. Cristianismo 2. Filho Pródigo (Parábola) - Crítica e interpretação 3. Reconciliação - Aspectos religiosos - Cristianismo 4. Vida cristã I. Juliani, Barbara Miller. II. Santos, Meire. III. Título.

25-253750　　　　　　　　　　　　　　　　　　　　　　　　　　　　　　　　CDD-234.5

Elaborado por Eliane de Freitas Leite - CRB-8/8415

Filhos desviados, a graça de Deus em busca dos pródigos

Traduzido do original em inglês
Come back, Barbara: A father's pursuit of a prodigal daughter
Copyright © 2020 por Barbara Miller Juliani

•

Publicado por P&R Publishing Company, P.O. Box 817, Phillipsburg, New Jersey 08865-0817.
Copyright © 2023 Editora Fiel
Primeira edição em Português: 2025
Todos os direitos em língua portuguesa reservado por Editora Fiel da Missão Evangélica Literária.

Todas as citações bíblicas foram retiradas da Almeida Revista e Atualizada (ARA), exceto quando informadas outras versões ao longo do texto.

Proibida a reprodução deste livro por quaisquer meios, sem a permissão escrita dos editores, salvo em breves citações com indicação da fonte.
Para proteger as identidades dos inocentes e dos não tão inocentes, nomes fictícios são usados ocasionalmente.

•

Diretor-executivo: Tiago J. S. Santos
Editor-chefe: Vinicius Musselman
Coordenador Gráfico: Gisele Lemes
Editor: Renata Cavalcanti
Tradutor: Meire Santos
Revisor: Pedro Marchi
Diagramador: Caio Duarte
Capista: Caio Duarte
ISBN físico: 978-65-5723-395-5
ISBN e-book: 978-65-5723-394-8

Caixa Postal, 1601
CEP 12230-971
São José dos Campos-SP
PABX.: (12) 3919-9999
www.editorafiel.com.br

"Sem exceção, este livro encorajou a fé, a paciência e a sabedoria de mães e pais cansados."

— **Edward T. Welch**, Conselheiro pela Christian Counseling and Educational Foundation (CCEF)

"Jill e eu vimos essa história notável se desenrolar em primeira mão. Não é apenas a história de uma filha pródiga, mas também de um pai que estava agindo como o filho mais velho. A disposição do pai (Jack) de primeiro tirar a trave do olho o transformou no tipo de pai para o qual um filho pródigo gostaria de retornar."

— **Paul E. Miller**, irmão de Barbara Miller Juliani

"O retorno de Barbara significou muito — dando frutos para o reino e compartilhando a graça de Cristo com sua família, igreja e além. Eu voltarei a este livro repetidamente para compartilhá-lo com famílias que estão afastadas."

— **Nan Powlison**, viúva de David Powlison

À nossa família,
que sempre acolheu Barbara:
Rose Marie, Jim e Roseann, Jim e Ruth,
Paul e Jill, Angelo, Bob e Keren
e à família cristã maior,
que orou por ela tão fielmente.

SUMÁRIO

Prefácio à edição em português 11
Prefácio à edição em inglês 15
Nota dos autores 19
Introdução — por um pai 21
Introdução — por uma filha 25
    1. "Volte, Barbara" 27
    2. O golpe devastador 43
    3. Perseverança por meio da oração 53
    4. O jogo do casamento 65
    5. Queda livre sem paraquedas 77
    6. Perdão como estilo de vida 87
    7. Orando como filhos do Pai 99
    8. Aprendendo a orar com autoridade 111
    9. Riacho que corre para o oeste 125
  10. Aprofundando os laços da amizade 135
  11. A última batalha 149
  12. Enfim, no lar 161
  13. Uma rede de glória 175
  14. Pais! Transformem os seus problemas
       em oportunidades 187

PREFÁCIO À EDIÇÃO EM PORTUGUÊS

Quando um filho se afasta dos caminhos do Senhor, a dor para os pais cristãos é profunda e angustiante. Eles criam seus filhos com amor e ensinam-lhes os preceitos da fé, esperando que cresçam sob a orientação divina. No entanto, quando veem seus filhos tomarem rumos diferentes, afastando-se daquilo que aprenderam, sentem-se impotentes e frustrados. A distância entre os pensamentos, valores e condutas torna o diálogo difícil, e os pais se veem presos em um ciclo de apelos que parecem não surtir efeito.

Em meio a esse sofrimento, muitos pais experimentam momentos de desespero, questionando-se sobre onde erraram e como poderiam ter evitado essa situação. Isso aconteceu com C. John (Jack) Miller em relação à sua filha, Barbara. Aconteceu comigo e minha esposa, Meire, em relação a um de nossos filhos. Continua acontecendo com vários pais cristãos que serão abençoados com a leitura deste livro.

Infelizmente, não há uma fórmula garantida para trazer os filhos de volta aos caminhos do Senhor. Há, porém, algumas atitudes que podem trazer alívio e fortalecer a esperança nos momentos de dor.

FILHOS DESVIADOS

A primeira delas é cultivar a alegria no Senhor. A fé deve possuir um alicerce firme, independentemente das circunstâncias. A tristeza e o desespero podem transmitir aos filhos a ideia de que Deus não é suficiente para sustentar seus pais nos momentos difíceis. Em vez disso, demonstrar contentamento na presença de Deus pode ser um testemunho poderoso, mostrando-lhes que a verdadeira paz não depende das escolhas humanas, mas da confiança em Deus.

Compartilhar a dor com pessoas de confiança também é fundamental. Deus nos colocou em uma comunidade para que possamos nos apoiar mutuamente. Muitos pais evitam expor seus sentimentos por medo de julgamento ou vergonha, mas abrir o coração e buscar apoio pode trazer conforto e força. A história de Daniel, na Bíblia, mostra que, mesmo diante de desafios enfrentados, contar com amigos que intercedem e oferecem suporte é essencial.

A oração intercessória também é indispensável. Nenhuma estratégia humana pode mudar um coração endurecido, mas o Espírito Santo tem poder para transformar vidas. Por isso, em vez de manipulação ou cobranças, os pais devem entregar seus filhos a Deus em oração, confiando que ele saberá agir no tempo certo.

Ademais, o relacionamento conjugal pode ser impactado pela rebeldia dos filhos. Muitos casais acabam se distanciando, focando mais no problema da rebeldia filial do que na relação conjugal. No entanto, essa é uma fase em que marido e mulher precisam estar ainda mais unidos, fortalecendo um ao outro por meio da oração, do diálogo e do apoio mútuo.

Outra atitude importante é orar para que Deus revele a realidade do mundo caído aos filhos rebeldes. Quando eles se encantam com o que está fora dos caminhos de Deus, não conseguem enxergar os perigos que estão por trás das seduções do mundo.

Somente Deus pode abrir seus olhos para que percebam a falsidade e a inconstância daquilo que os atrai. Afinal, o mundo jaz no maligno e a feiura do mundo precisa ser percebida pelos nossos filhos.

Pedir perdão pelos erros cometidos durante a criação dos filhos também é um passo de humildade e honestidade. Muitas vezes, os filhos rebeldes usam as falhas dos pais como justificativa para suas escolhas. Embora isso não seja razão para o afastamento da fé, reconhecer os erros pode abrir espaço para um novo diálogo e demonstrar a verdadeira essência do evangelho.

Por fim, tratar os filhos com a mesma graça que Deus nos concedeu é essencial. Assim como o Pai celestial nos buscou e nos perdoou, os pais também devem manter as portas abertas, demonstrando amor e esperança. Em vez de apenas impor regras, é necessário oferecer acolhimento e oportunidades de recomeço.

Mesmo seguindo todas essas diretrizes, as lágrimas dos pais de filhos rebeldes podem continuar a cair e o coração pode permanecer aflito. No entanto, a esperança deve ser mantida, confiando que Deus está no controle e que seu amor é maior do que qualquer rebeldia. O que resta aos pais é agir com fé, amor e confiança, sabendo que, no tempo certo, Deus pode trazer seus filhos de volta para junto dele.

Dr. Valdeci Santos
Pastor da IPB Campo Belo (SP),
Diretor do Centro Presbiteriano de
Pós-Graduação Andrew Jumper

PREFÁCIO À EDIÇÃO EM INGLÊS

As ligações e e-mails ainda chegam — pais ansiosos me procuram porque estão preocupados com um filho desviado. Existe algo mais difícil? Talvez, mas é angustiante ver filhos tão amados tomarem decisões que os machucam e que magoam outras pessoas. Algumas vezes em que pais entram em contato comigo, perguntam se eu ainda sou cristã (eu sou). A maioria pensa que *Filhos desviados* foi escrito recentemente. Eu sorrio e digo: "É uma história atemporal da graça de Deus para pais e filhos pródigos". Meu pai e eu escrevemos este livro juntos há mais de trinta anos. Ele foi viver com Jesus há mais de vinte anos. Meu marido Angelo e eu estamos casados há mais de quarenta anos. Temos quatro filhos, todos casados, e, na última contagem, dez netos e mais um a caminho.

Quando falo a pais, digo a eles o que meus pais descobriram muitos anos atrás e o que eu concluí por minha maternidade: não existe uma fórmula para salvar o seu filho — mas existe Jesus. Também não há fórmula para se salvar — mas existe Jesus. Na nossa história, a transformação fluiu de Jesus por intermédio dos meus pais, e então chegou até mim e Angelo.

FILHOS DESVIADOS

No início do nosso livro, você encontrará uma jovem fora de controle que queria seguir seu próprio caminho (por isso a referência a *"pródigos"*). Mas, se ler com atenção, você também encontrará um pai e uma mãe pródigos. Meus pais criam em Deus. Eles sabiam que Jesus era o único caminho para o céu, mas não entendiam a maneira como a dependência dele deveria moldar suas vidas cotidianas. Em vez disso, o evangelho funcional da família Miller era algo assim: *fé em Deus mais trabalho duro igual a recompensas de Deus.* Uma recompensa que meus pais esperavam de todo o trabalho duro era ter filhos que fossem cristãos.

Deus usou o desapontamento e sofrimento inesperados causados por minha fuga de Deus e de casa para mostrar aos meus pais a necessidade diária deles de se voltarem para Jesus em busca de perdão, esperança e socorro. Essa é a vida cristã, e Deus usou a filha pródiga deles para ensinar-lhes o básico. O resultado extraordinário do aprendizado que tiveram sobre confiança humilde em seu Pai celestial foi que eu finalmente consegui ter uma imagem verdadeira do que significava viver pela fé. Eu sempre pensei que me tornar cristã significava que eu tinha de ser boa (eu também pensei que significava ir a almoços comunitários da igreja, vestir roupas doadas e ter uma casa cheia de livros — mas essa é outra história). Eu sabia que não era uma boa pessoa (interna ou externamente), então pensava que Jesus não era para mim. Mesmo ao escrever isso, acho muito triste o fato de nossa compreensão do evangelho ser o contrário da verdade. Porque Jesus veio para pecadores. Somente ele é capaz de salvar pecadores. Mas é claro que você tem de saber que precisa de salvação. A minha rebelião mostrou aos meus pais quão distantes eles estavam de Deus e o quanto eles precisavam de Jesus. Eles aprenderam a viver pela fé na circunstância mais decepcionante.

Conforme meus pais viviam o evangelho diante de mim — pedindo perdão, sendo transparentes sobre seus pecados e fraquezas e não desistindo de me amar — entendi que ser cristã também poderia ser uma opção para mim. O verdadeiro evangelho satisfazia minhas necessidades com exatidão. Finalmente eu não via mais como podia viver sem ele. Mas este livro (e o evangelho de Jesus Cristo) é sobre mais do que solucionar um relacionamento difícil. Ele diz respeito ao poder de Deus para mudar os corações mais endurecidos, e como essa mudança se difunde de pessoa para pessoa até que finalmente a brilhante esperança do evangelho se espalha por todo o mundo. Ela começou pequena — meus pais foram humilhados e aprenderam a confiar em Jesus. E então eu me tornei cristã, Angelo se tornou cristão, amigos e familiares se tornaram cristãos. E Deus tem usado todos nós para falar dele por todo o mundo.

Quando você terminar este livro, pode parecer que a nossa história foi embalada com um laço bem bonito. Mas, na realidade, isso foi só o começo. Deus me convidou, chamou e tornou impossível que eu recusasse entrar numa grande aventura com ele. Como todas as aventuras, tem havido muitos pontos altos, onde fomos privilegiados em ver Deus trabalhando de formas espetaculares. Também tem havido muitos pontos baixos, alguns tão tristes que é impossível falar sobre eles. Mas, em tudo isso, temos visto Deus tecendo uma rede de glória. Vemos hoje (como vimos muitos anos atrás) o poder de Deus para salvar pródigos de todos os tipos. Nós ainda necessitamos de Jesus tão desesperadamente hoje como necessitávamos quando nos voltamos inicialmente para ele esperando por perdão — e talvez mais. Nossa fé tem sido testada e experimentada. Mas nós olhamos para Jesus. E olhamos para frente para o grande dia em que, pelas palavras de Juliana de Norwich: "Tudo estará bem, e todos os tipos de coisas estarão bem". Sabemos que isso acontecerá, e mal podemos esperar.

Barbara Miller Juliani

NOTA DOS AUTORES

A história é contada essencialmente por C. John Miller, com Barbara Miller Juliani acrescentando, a cada capítulo, sua narrativa dos eventos segundo sua própria visão deles. Cada um de nós tentou contar a história como a experimentamos à época, mantendo a retrospecção ao mínimo. Ficará evidente que frequentemente nós tivemos pontos de vista diferentes a respeito dos mesmos incidentes, mas o livro é exatamente sobre isso. O propósito deste livro é mostrar como um pai e uma filha com valores conflitantes chegaram a uma reconciliação maravilhosa por meio das mudanças que Cristo operou em cada um de nós.

INTRODUÇÃO — POR UM PAI

Ao criar nossos cinco filhos, minha esposa e eu críamos que cada um deles era um presente de Deus, que eram todos especiais. Estávamos convencidos de que Deus os havia dado a nós com um propósito importante, e, como expressão daquela fé, tornamos nossos filhos em nossos amigos íntimos. A história que segue é a jornada que fizemos com um desses amigos, uma amiga que até mesmo nos abandonou por certo tempo — nossa filha Barbara. Essa é uma história de sofrimentos intensos, na qual nós, pais, fomos esmagados muitas vezes por acontecimentos fora do nosso controle. Mas nós sempre fomos amigos da Barbara — não importava o que ela fazia; e, de sua parte, ela sempre nos viu como *sua família*. Paradoxalmente, isso foi verdade até quando ela nos rejeitou amargamente, negou nossos valores e nos culpou por seus problemas.

Agora vem a pergunta difícil: se o nosso lar teve tal fé e amor, será que falhei com Barbara como pai? Se sim, como? Este livro conta a história toda. Embora eu não creia que as falhas da minha filha sejam sempre minhas ou causadas por mim, também sei que falhei com Barbara de tantas maneiras que não consigo mencionar.

FILHOS DESVIADOS

Suspeito que todo pai ou mãe conscientes sabem que cometem tolices. Mas, em meu papel como pai da Barbara, houve um específico erro sério que agora enxergo, embora não o visse quando ela era adolescente. Foi um pecado de omissão mais do que de comissão. Resumidamente, minha amizade com Barbara foi cultivada inadequadamente quando ela estava terminando o ensino fundamental. Eu não trabalhei para *alcançar* sua vida interior quando ela chegou ao período crítico que a maioria dos adolescentes americanos vive quando ingressa nos dois últimos anos do ensino fundamental. E eu estava cego para a minha omissão.

Mas meu erro trágico é apenas o ponto de partida para a grande aventura que se desdobra aqui. Apesar de parecer inadequado dizer isso, os eventos narrados neste livro são lindos, embora dolorosos. Mesmo antes de Barbara começar a mudar, você verá como eu perco o controle da situação e, em algum momento, perco minha necessidade de ter esse controle. É aí que reside o paradoxo divino. Eu perco batalha após batalha. Parte disso é difícil de engolir. Vez após vez meu orgulho é atacado no conflito com minha filha. Eu não gostava de viver, ano após ano, na tensão da batalha e com o sentimento constante de que as coisas estavam completamente fora do meu controle. Mas, no final da história, você descobre que a mudança de Barbara não foi um acaso, uma guinada de sorte. Ela aconteceu porque Deus estava tecendo uma teia de amor ao redor de todos nós, e uma parte importante daquela teia era seu trabalho por intermédio de um processo em que fui humilhado.

No final, eu era um pai tão voluntarioso quanto Barbara, uma filha voluntariosa. E, é claro, a vitória não foi minha, mas do meu Pai. Em seu triunfo, eu recebi minha filha de volta. Ela e eu agora andamos juntos debaixo do brilho do sol depois da tempestade que purificou o ar.

INTRODUÇÃO – POR UM PAI

Este livro, então, tem o objetivo de encorajar pais que possam estar andando nas sombras do fracasso. Alguns pais ansiosos com filhos mais jovens já estão prevendo fracassos à medida que enfrentam os anos da adolescência com pavor. Eles esperam o pior. Outros pais sentem que o pior já aconteceu, vendo-se golpeados e feridos por um adolescente rebelde.

O tema do livro é simplesmente que se Deus pode ajudar alguém como eu —com todos os meus pecados e fraquezas — então ele pode ajudar você e sua família. Criar filhos é mais simples do que você ou eu pensamos. O princípio mestre é simplesmente este: confronte a consciência — e não fique impressionado pela conformidade externa. Mas, mesmo que você tenha falhado nisso, o poder da graça de Deus é tão mais forte, que você nunca precisa se desesperar em relação aos seus filhos, não importa em que estado eles estejam. Isso é verdadeiro em relação aos rebeldes inconformados, bem como aos rebeldes conformados.

Neste livro, você descobrirá também que Deus tem um senso de humor curador. Pensar que ele está procurando os pais rebeldes por meio de filhos rebeldes me faz rir. Obviamente, Deus queria me transformar junto com Barbara, e ele fez isso ao me enviar uma série de derrotas humilhantes que duraram quase oito anos. Mas a coisa mais estranha e aparentemente paradoxal é que quanto mais eu perdi, mais eu ganhei.

INTRODUÇÃO – POR UMA FILHA

Fiquei diante dos meus colegas e, com os nervos à flor da pele, apresentei, o poema que estava prestes a recitar: "Este é um poema", disse eu, "sobre um homem que foge de Deus, mas para todos os lados para onde se vira, ele o encontra. Finalmente ele não tem escolha a não ser aceitar o amor de Deus por ele". E então recitei "O cão de caça dos céus", de Francis Thompson:

> Eu fugi dele, por noites e dias a eito;
> Eu fugi dele, pelos arcos dos anos;
> Eu fugi dele, pelos caminhos do labirinto
> Da minha mente; e em meio às lágrimas
> Eu me escondi dele, sob risos errantes.

Lá estava eu, uma estudante magrinha do oitavo ano, sem ideia alguma de que eu havia acabado de fazer um curto resumo dos próximos doze anos da minha vida. Eu nem havia escolhido esse poema; meu pai o sugeriu. Senti-me desconfortável ao recitá-lo diante dos meus colegas bagunceiros do oitavo ano, mas nunca me esqueci do poema. Anos mais tarde, depois de conhecer o amor de Deus por mim, eu o li novamente em lágrimas.

Naqueles dias eu era cristã — externamente. Eu fazia todas as coisas que esperam de uma menina cristã, como ir à igreja e à escola dominical, mas a realidade — sob a superfície — era muito diferente.

Em alguns momentos, a realidade vinha à tona. Por exemplo, durante aquele ano, um dos meus professores chamou meu pai para uma conferência. Ao sentarmos no pequeno escritório, meu professor usou palavras como *desonesta, não usar seu potencial* e *enganadora* para me descrever. Em seguida, quando meu pai me fez algumas perguntas sobre minha honestidade, eu o dispensei com meias respostas vagas.

A realidade era a de uma rebelde disfarçada. Aos 18 anos, deixei o disfarce de lado. É uma história familiar, que tem ocorrido muitas vezes em incontáveis lares, porque muitas pessoas têm tido maus relacionamentos com os pais e agido de formas destrutivas. Não há nada de extraordinário nas escolhas erradas que tomei na condução da minha vida. O que faz essa história se destacar é que Deus usou meus pais para me buscar e me ensinar sobre seu amor. Por intermédio do amor deles, o "cão farejador" do céu me encontrou, e é isso o que faz essa história digna de ser contada.

1
"VOLTE, BARBARA"

JACK

Nós não somos uma família que grita. Nós não levantamos nossa voz nem discutimos muito, exceto quando estamos brincando. E certamente nosso estilo não inclui perder a esportiva.

Mas esse dia foi diferente. Era final de julho, 1972. O lugar: Cuernavaca, uma linda cidade paradisíaca localizada em um planalto a quase cem quilômetros da Cidade do México. O cenário era um quarto no segundo andar de Chula Vista, o principal prédio, e o mais brilhante e alvo, do centro Alfa-Ômega para alcance missionário. Era o meio da manhã e minha filha de 18 anos, Barbara, esbelta e bronzeada, estava assentada em uma cama do outro lado da minha poltrona. Próxima a ela, em outra poltrona, estava Rose Marie, sua mãe. Rose Marie tem olhos azuis e é loira. Mas naquele momento seus olhos estavam em chamas.

— Mamãe, Papai —, gritava Barbara — eu não quero as suas regras e sua moralidade. Eu não quero mais agir como cristã! E eu não vou mais fazer isso!

— Barb —, lamentava sua mãe — pare com isso! Pare com isso agora mesmo! — Rose Marie deixou sua poltrona e sacudiu

Barbara pelos ombros. — Você está agindo como uma doida! Ouça-me! Você sabe o que está fazendo?

Naquela altura dos acontecimentos eu me uni a elas com voz alterada. Era inútil. Eu me senti ridículo e envergonhado. E então todos nós começamos a chorar, Barbara com ira e frustração, e Rose Marie e eu com ira e temor por nossa filha.

A fonte da tensão havia sido a insistência de Bárbara de que ela tinha direito à "liberdade pessoal" em seus relacionamentos com homens. Ela não estava cedendo nem um centímetro, nem nós. Logo em seguida, uma Barbara irada correu para a porta e a fechou atrás de si com uma batida desafiadora.

— Barbara Catherine —, sua mãe chamou — volte, volte! — As mesmas palavras estavam no meu próprio coração e na ponta da minha língua. Mas nós podíamos ter economizado nosso suspiro. Barbara já estava no térreo, indo para a piscina à luz do sol subtropical. Ela havia vencido a batalha. Nós estávamos petrificados e nos sentindo como tolos em nossa impotência.

Rose Marie estava pálida, apesar do bronzeado, e eu sentia meu coração adoecido. Tudo parecia fora de controle. Eu sentia que havia sido vítima de poderes invisíveis, como Édipo apressando-se para a sua condenação sob a direção de um ferro, destino hostil. E sabia que havia contribuído, de alguma forma, involuntariamente, para minha própria derrota.

COMO ESSA CRISE ACONTECEU?

Cerca de uma semana antes, nosso filho Paul havia ligado de nossa cidade, Jenkintown, Pensilvânia, para dizer que estava muito preocupado com Barbara. Sendo próximo a Barbara e conhecendo-a bem, ele sentia que ela estava passando tempo demais com alguns dos seus amigos não cristãos e que eles estavam exercendo uma influência prejudicial sobre ela. Então insistiu em que convidássemos Barbara para Cuernavaca imediatamente. Assim, depois de uma ligação nossa, Barbara concordou em ir nos ver.

No princípio, parecia que as coisas iriam se estabilizar. Juan, um dos ótimos jovens que trabalhavam para a Alfa-Ômega, a ajudou em Cuernavaca, agindo desinteressadamente como seu acompanhante. Mas perdemos o chão numa noite em que nós três participamos de uma festa de casamento mexicano sem o Juan.

Era uma noite mágica com o perfume de mil flores no ar. O ritmo marcante da música mariachi, as risadas e os casais vestidos alegremente fizeram aflorar os anseios mais íntimos de Barbara. Tornou-se claro rapidamente que ela mal podia esperar para se aliar a algum homem não cristão. A sua aparência, o modo como se vestia e a maneira como andava comunicavam uma mensagem clara aos homens ao seu redor: Barbara estava pronta para experimentar o mundo.

Logo, logo um jovem rapaz captou os sinais que a linda senhorita transmitia. Ao vê-la sentar-se à mesa dele, eu mantive um olhar paterno sobre ela, algo que eu não gostava de fazer, uma vez que nossa família sempre se relacionou com base na confiança. Não era algo específico que me incomodava, mas eu tinha um sentimento vago de que na primeira oportunidade que surgisse ela descartaria os valores morais da nossa família sem pensar duas vezes. O que mais me chocava é que uma "nova Barbara" parecia estar surgindo. O que havia acontecido com minha amiga e filha? Estremeci internamente.

Aquela noite foi muito tensa, mais ainda para Rose Marie do que para mim. Mas, o que podíamos fazer?

Tentamos o que a maioria dos pais faz. Bem cedo, no próximo dia, naquele pequeno hotel em Cuernavaca, conversamos com Barbara e tentamos argumentar com ela. Não ajudou muito. Assim, Rose Marie e eu fomos para o nosso quarto e oramos.

Quando retornamos novamente para conversar com ela, como descrevi no princípio deste capítulo, a cena toda explodiu como uma bomba. Nossas palavras apenas agravaram a situação.

Depois de Barbara ter batido a porta, nós nos sentamos em estado de choque e confusão. Não dissemos uma palavra. Sempre presumimos que tínhamos boa comunicação com Barbara, com base na fé que compartilhávamos. Sempre pensamos sobre ela como uma cristã, pelo menos desde que ela havia se tornado membro da igreja aos dezesseis anos. Mas agora, mesmo sabendo que ela não agia como cristã, ainda tentávamos tratá-la como tal. Talvez isso fosse apenas um lapso temporário, pensávamos.

Como pais, éramos como duas pessoas montando um quebra-cabeças e que descobrem subitamente que há partes na caixa que não pertencem àquele conjunto. Aquilo simplesmente não se encaixava. Por um lado, Barbara estava agindo como uma pagã que mal podia esperar para ir para o mundo "onde as coisas eram realmente divertidas". Por outro lado, nós nos lembrávamos da declaração de fé dela quando se tornou membro comungante da igreja. Ela havia falado com sinceridade aparente sobre Cristo ter mudado sua vida e, de modo comovente, sobre o que ele significava para ela.

Ela havia fingido tudo aquilo? Simplesmente não parecia possível. Sua vida cristã aparentava ser mais do que meras palavras. Ela havia desempenhado um papel significativo em ajudar várias pessoas a se tornarem cristãs. Ao fazê-lo, ela certamente os havia convencido de que era cristã. Por exemplo, Jill Hebden, uma colega de classe do ensino médio que agora estava noiva do nosso filho Paul, havia se tornado cristã em grande parte por intermédio do exemplo cristão de Barbara testemunhado na convivência entre seus colegas na escola pública do bairro.

As drogas começaram a entrar na escola quando Barbara estava no segundo ano do ensino médio e ela combateu com unhas e dentes aquele fenômeno. De fato, seu posicionamento contra as drogas era tão forte que isso até levou uma autoridade escolar a nos chamar e sugerir que Barbara estivesse criando certo mito sobre drogas na escola. Ao refletir sobre a força de caráter de Barbara, Jill disse mais tarde: "Eu certamente fui enganada. Eu pensei que ela fosse cristã. Ela lia sua Bíblia regularmente e eu sei que ela recusava drogas".

Assim, naturalmente nós fomos surpreendidos pela afirmação de Barbara de que ela estava rejeitando o Cristianismo. Mas, mais importante, nós também pensávamos que ela estivesse sugerindo nunca ter sido cristã. Foi silente, mas foi expresso. Ainda assim, não estávamos preparados para acreditar naquilo.

Por outro ângulo, Cuernavaca foi um ponto alto em minha vida. Eu havia orado para Deus aumentar meu amor por ele e, embora tenha ficado doente, com desinteria, não muito tempo depois daquela oração, ainda durante aquela doença, eu cheguei a experimentar o amor de Deus de um jeito novo. O fruto desse nosso conhecimento dele foi transformado em um livro que escrevi durante aquele tempo. Em pouco mais de duas semanas escrevi *Repentance and Twentieth Century Man* [Arrependimento e o homem do século vinte].

Ao me aprofundar em minha experiência de alegria do arrependimento, simplesmente não fazia sentido que alguém quisesse trocar aquela realização de ser encontrado em Cristo pelos prazeres transitórios do mundo. A coisa toda soava louca para mim e Rose Marie, um pesadelo que esperávamos que desaparecesse com a luz da manhã.

Infelizmente nós estávamos dez anos atrasados para ajudar Barbara. Quando nossa filha tinha oito anos de idade, nós devíamos ter nos esforçado mais para encarar a verdade sobre sua vida interior. Mas não podíamos ajudá-la agora, nem pela persuasão e, certamente, muito menos perdendo a paciência.

Barbara queria liberdade — liberdade de todas as restrições, de pais, da igreja, de Deus. Ela procurava a felicidade que sentia que encontraria "lá fora", distante do lar e do Cristianismo, e queria ser feliz agora. Para ser feliz, ela optou pela via expressa, determinada a pisar no acelerador e não prestar atenção às placas de alerta da rodovia. Como o filho mais novo na parábola do Filho Pródigo, ela queria liberdade do lar paterno por meio de uma viagem para o "país distante".

Infelizmente, eu não fui como o pai na parábola. Rose Marie e eu também não estávamos prontos para deixar nossa filha ir, confiando-a a Deus. Essa indisposição gerou muita tensão em nossas mentes e retardou o processo de aceitarmos a ideia de que talvez Barbara houvesse realmente fingido muitas coisas durante sua adolescência. Quem quer admitir ter sido enganado por sua própria filha? Mas após Barbara ter batido a porta em Cuernavaca, nós começamos a entender que era tarde demais, que ela teria ido de qualquer maneira, e que ninguém poderia impedi-la de "dissip[ar] todos os seus bens, vivendo dissolutamente" (Lc 15.13).

Ao analisar os acontecimentos daquela manhã, Rose Marie disse mais tarde: "Quando Barb anunciou que 'não era cristã e não queria ser', meu mundo desabou. Eu reagi com ira e temor. Eu simplesmente não consegui lidar com aquilo. As minhas próprias barreiras eram altas demais para que eu as transpusesse e lidasse calmamente com o que ela estava dizendo. Senti-me humilhada e traída".

Mais tarde, naquele dia, quando todos nós havíamos acalmado, nossa habitual aversão a conflitos se reafirmou. Rose Marie e eu procuramos Barbara e a convidamos para ir conosco e com sua irmã mais nova, Keren, a uma expedição ao centro de Cuernavaca. O conflito ainda estava instalado sob a superfície, mas nós conseguimos nos relacionar quase que normalmente ao caminharmos uns 800 metros até o centro da cidade.

Lá nós nos sentamos para almoçar em um café ao ar livre. Nosso senso de humor até retornou, pelo menos momentaneamente. Um menino de provavelmente 9 ou 10 anos de idade nos avistou. Ao caminhar em nossa direção, ele se transformou rapidamente de criança saudável em um pedinte com braço e perna tortos. Foi uma ótima encenação. Se não tivesse visto esse pequeno impostor andando normalmente momentos antes, eu teria sido enganado, mas eu o havia visto andando na calçada e conversando alegremente com seus companheiros, e toda a nossa família também o viu. Assim, nós recebemos sua atuação com aplausos — mas não dinheiro. Ele deu um sorriso forçado e encabulado e partiu.

Lembrando daquilo, posso ver que seu joguinho tinha um certo simbolismo apropriado. Não temos, todos nós, nossos joguinhos, que aplicamos uns aos outros e até a nós mesmos para conseguir o que queremos? Em nossos relacionamentos familiares, não nos transformamos frequentemente em aleijados para fazer o que queremos? Naquele momento, percebi que talvez um jogo estivesse em ação em nossa família, mas eu estava esgotado demais emocionalmente para aprender as regras.

Em um nível mais profundo, também senti que a nossa família estava sob ataque. Poderes das trevas pareciam nos rondar. Por mais que eu apreciasse a Cuernavaca subtropical — com seu ar claro e intenso nas manhãs, seu brilho ao meio-dia e suas noites banhadas por um ar suave — tudo aquilo agora parecia secundário. Eu sentia as pegadas do maligno andando sobre a terra, colocando armadilhas para os meus pés e sussurrando palavras de desespero ao meu coração: "Desista de Barb, aquela filha ingrata". Mas eu me recusei a aceitar a renúncia dela a Cristo como uma vitória conclusiva de Satanás sobre Jesus em sua vida. Eu sentia que devia desistir, rejeitá-la da mesma forma como ela estava nos rejeitando, mas vagamente senti que isso seria entrar no jogo dela. Assim, internamente, resolvi esperar em Deus, descansar nele em meio aos meus temores e sentimentos de derrota, e realmente encontrei certa libertação ao render a situação a ele nesse primeiro momento. Eu não poderia chamar aquilo de paz completa, mas havia o princípio de uma aceitação tranquila de sua vontade para Barbara.

Em agosto, quando viajamos de volta à Filadélfia, estávamos cientes de que Barbara ainda estava alienada de nós, embora externamente fosse cortês. Quando passamos pela alfândega em Atlanta, eu ainda possuía lutas internas. Minha esperança era a de que Barbara, apesar de si mesma, ainda fosse cristã, de que ela estivesse simplesmente passando temporariamente por um deslize. Mas eu também suspeitava que aquele fosse o meu próprio joguinho, minha fábula particular dizendo a mim mesmo que Barbara nunca havia nos enganado sobre ser cristã. O que fazia aquilo ser tão difícil era que eu havia sido enganado por uma boa amiga — não apenas uma filha. Senti-me traído.

Em casa, em Jenkintown, Barb estava ansiosa para sair de casa e passar tempo com aqueles amigos que haviam se tornado seus novos modelos de conduta — de fato, os mesmos amigos com os quais Paul havia se preocupado antes. Barbara também parecia não estar levando muito a sério os preparativos para o seu primeiro ano de faculdade no Dickinson College. Rose Marie estava perturbada pelo novo padrão de fuga de Barbara. Rose precisava que Barbara a ajudasse no cuidado e na limpeza de nossa enorme casa com treze cômodos. Rose Marie, enfraquecida por uma cirurgia grande que havia feito não muito antes de nossa estadia no México, se sentiu abandonada. Como disse mais tarde, eu pensava que Barbara deveria ficar em casa e preparar suas coisas para a faculdade, e eu disse isso a ela. Mas dizer isso não ajudou em nada.

Creio que essa foi a última vez que tive um conflito com ela — houve feridas profundas — e não creio que eu estivesse aberta o suficiente naquela época para ajudá-la com suas feridas.

Ao analisar meus pensamentos naquele mês de agosto, cheguei a respostas mais definidas às dúvidas que haviam me assombrado. Uma dúvida que não cessava era esta: por que eu havia me deixado ser enganado tão completamente por Barbara? A resposta, pensei eu, era que o orgulho familiar havia me cegado para quem minha filha realmente era.

Ao longo de seu crescimento, algumas vezes percebi os enganos de Barbara. Por exemplo, houve uma vez em que Barbara tinha oito anos de idade e foi pega mentindo sobre escovar seus dentes. Naquela época, nós morávamos em Redwood City, Califórnia. A fim de ajudar a organizar as responsabilidades da nossa família enquanto eu fazia pesquisas para meu PhD, montei um diagrama de higiene e deveres para a família. Todos os dias, cada um dos nossos quatro filhos mais velhos deveria marcar as tarefas concluídas. O diagrama de Barbara mostrava que ela havia escovado seus dentes fielmente todos os dias da última semana. Mas um dia, Paul e Ruth apresentaram a escova de dentes de Barbara a Rose Marie e a mim. Estava seca como um osso. Agindo como seus executores autonomeados, eles haviam examinado a escova de dentes dela por quase uma semana, e apesar de ela ter marcado no diagrama, a verdade era que ela havia deixado de escovar os dentes por muitos dias. O pior é que Barbara, apesar da persuasão e da disciplina, não admitia haver mentido. Ela provou ser extremamente teimosa. Aquilo era um indicador muito forte de algo errado em seu coração e também um convite a nós, pais, para que reexaminássemos a nossa abordagem.

Mas a verdade é que cooperamos com nosso próprio engano. Nós deixamos de encarar a verdade desagradável e não fizemos nada a respeito. Na maioria das vezes, Barbara se conformava exteriormente aos padrões da família, e nós nos satisfazíamos com aquilo muito facilmente. Nós teríamos o problema posterior se tivéssemos feito perguntas mais profundas a Barbara sobre seus valores e motivações, aquilo que poderíamos chamar de seus verdadeiros anseios. Na verdade, ao aceitar sua encenação superficial, nós a privamos de enxergar onde seus verdadeiros desejos do coração estavam.

Enfrentar essa realidade foi desagradável para mim. Mas também foi terapêutico. Houve vários mistérios na situação toda e, em certo sentido, ainda há. Mas essas eram verdades tangíveis que eu podia usar para mudar minha própria vida. Percebi que precisava me humilhar e reconhecer meu fracasso como pai. Isso ajudou a aclarar a minha mente, e essa aceitação levou a um novo alívio. Eu não queria ficar emocionalmente enfermo devido aos meus próprios fracassos. Assim que os identifiquei, pedi perdão a Deus e, sabendo que estava perdoado, renovei minha confiança de que ele estava presente e agindo em nossa situação.

Não consigo enfatizar suficientemente a importância da confissão honesta para pais que carregam o fardo de uma culpa reprimida. Não há nada pior do que chafurdar-se diante do fracasso e experimentar a autotortura gerada por essa situação. Naquele estado, eu não conseguia ajudar ninguém — nem a mim mesmo. Na verdade, eu era como o menino mexicano, fingindo ser aleijado.

Então não foi destrutivo descobrir algo da minha fraqueza na criação de Barbara, admitir o erro e encontrar o perdão de Deus. Livre daquele fardo por meio do arrependimento e com a ajuda de Deus, fui capacitado a aceitar mais da verdade sobre Barbara e a lidar com ela mais honestamente. Essa verdade doeu, mas foi como a dor do parto. Eu precisava aceitar que o nosso esforço e o nosso amor haviam falhado no caso de Barbara. Ela não era somente a nossa "querida Barbara, com o coração sensível", mas uma artesã de primeira mão, uma falsificadora talentosa. Mas ela também estava sendo exposta. Sua combatividade contra nós e sua determinação em transformar a própria vida em um desastre estavam finalmente sendo expostos à superfície.

Era horrível, mas a pura verdade, e tínhamos de enfrentar a verdade. Não há mal pior do que negar o mal, fingir que ele não está ali. Não sou ignorante quanto à depravação humana, mas eu havia negado por muito tempo que ela pudesse existir em nossa família. Somos pessoas sistemáticas, que se esforçam; nosso lar é um lugar onde nos sentimos compreendidos e afirmados. Pagamos o preço por tudo isso alcançando sucesso na vida. Nosso lema implícito era: "Trabalhe duro e o sucesso chegará".

O que deixamos de considerar foi que a conformidade exterior a uma vida familiar disciplinada não prova nada. Um filho pode se revestir de todas as formas externas de vida cristã e boa ordem e não estar nem um pouco perto de Deus. Quando os pais deixam de olhar para além da superfície e ignoram as motivações interiores, frequentemente permitem que o filho passe uma camada de verniz em sua vida. O coração não é tocado e, quando isso acontece, ele pode facilmente se tornar endurecido e amargurado.

Como pais, nossa tristeza durante aquele tempo era intensa. Havíamos perdido a batalha e experimentado as humilhações da exposição e da derrota. Hoje, de nosso ponto de vista vantajoso, podemos ver como isso também estava inteiramente sob o plano perfeito de Deus: a beleza que não éramos capazes de ver naquela época. Naquele tempo, era como se andássemos por uma floresta escura sobre uma trilha invisível. Não podíamos ver nada do que estava à frente, mas andamos ao longo daquele caminho com temor e tremor. Todavia, porque nossas mãos estavam seguras na mão do nosso Pai celestial, podíamos confiar o nosso caminho aos seus olhos.

Mas, mesmo assim, sentimos que Deus tinha um propósito em tudo aquilo, quando ele arrancou nossa fachada de autossuficiência.

FILHOS DESVIADOS

Havíamos colocado muita confiança na educação cristã no lar e nas escolas particulares cristãs. Mas ninguém cresce em graça por intermédio de um ambiente cristianizado. Ninguém chega a conhecer a Deus pelo autoaperfeiçoamento moral. Você só chega a Deus sendo transplantado do seu solo natural para a vida em Cristo por meio de uma fé pessoal nele. No processo de educar Barbara, inconscientemente nós havíamos esquecido essas verdades fundamentais.

Nós também estávamos começando a aprender que éramos inteiramente dependentes de Deus para mudar Barbara e que, em algum momento, ele renovaria o coração e a vida dela. Rose Marie tem uma colocação ainda mais pessoal: "Naquele tempo, eu estava no desespero quase completo. O que me impediu de desistir foi o conhecimento de que Barbara realmente pertencia a Deus e que, em seu próprio tempo e modo, ele a traria de volta".

Nós estávamos aprendendo vagarosamente o que Paulo expressa tão eloquentemente em 2 Coríntios 1.8-10: "Porque não queremos, irmãos, que ignoreis a natureza da tribulação que nos sobreveio na Ásia, porquanto foi acima das nossas forças, a ponto de desesperarmos até da própria vida. Contudo, já em nós mesmos, tivemos a sentença de morte, para que não confiemos em nós, e sim no Deus que ressuscita os mortos; o qual nos livrou e livrará de tão grande morte".

BARBARA

De fato, ninguém em nossa família grita, exceto eu. No verão em que me formei no ensino médio eu pratiquei muita gritaria. Na maior parte do tempo, estava trabalhando em conseguir o que queria e em ficar o mais distante possível da minha família. Mesmo quando fui ao México para me encontrar com meus pais, eu ainda estava determinada a ficar tão separada deles e de seu estilo de vida quanto possível.

A minha primeira oportunidade chegou no casamento ao qual fomos convidados em um luxuoso clube de campo em Cuernavaca. O cenário era lindo, e havia vários jovens ansiosos para dançar comigo. Fiquei lisonjeada pela atenção. Dancei, passeei sob o luar e finalmente jantei em outra mesa com um jovem estudante de medicina. Eu sabia que meus pais não aprovavam, mas estava me divertindo e com vergonha de dizer ao meu novo amigo que meus pais não me deixariam dançar ou me sentar com ele. Ao nos comunicar em espanhol e inglês vacilantes, eu usei todas as frases que conhecia para lhe dizer que eu tinha uma irmã, e então dei a ele o nome do nosso hotel.

Saí do casamento feliz por ter tido a oportunidade de flertar, mas certa de que nunca mais veria o estudante de medicina novamente. Imagine minha surpresa quando meu "namorado" apareceu no hotel na manhã seguinte com um amigo, dizendo que queriam sair comigo e minha irmã em um "encontro duplo"! Mas informei a eles, em um espanhol fragmentado, que minha irmã tinha apenas doze anos e que eles precisavam sair imediatamente antes que meus pais os vissem. Eles se foram, e eu respirei aliviada.

Quando finalmente meus pais conversaram comigo sobre meu comportamento no casamento, estava me sentindo bem hipócrita. Eu considerava que todo aquele flerte era inofensivo e, quando os rapazes apareceram no hotel, eu os dispensara rapidamente. Durante a discussão com meus pais eu estava na posição invejável de ser capaz de dizer (repetidas vezes em tom de mágoa): "Mas eu só fiz...". Meu argumento era o de que eu não havia feito nada de errado e eles estavam reagindo exageradamente. Em certo sentido era verdade — eles realmente reagiram exageradamente à situação. Mas, ao mesmo tempo, eles haviam começado a ler minha alma corretamente. Antes, eu sempre havia me esforçado para esconder qualquer coisa sobre mim mesma que eu soubesse que eles não aprovariam. Mas agora eu estava farta de ser hipócrita, e meu verdadeiro eu estava emergindo. Isso é o que realmente os estava perturbando.

Aquela época no México foi uma das experiências mais dolorosas da minha vida. Mais difícil ainda foi ler o registro que meu pai fez daqueles acontecimentos. Eu ainda consigo ver nós três sentados na sacada do quarto de hotel. O calor do sol, o rosa brilhante das azaleias e o verde das árvores refletindo sua sombra sobre nós não me afetavam. Eu só conseguia medir a distância entre a sacada e o chão, imaginando se seria capaz de pular com segurança até o gramado lá embaixo.

O que tornou essa confrontação particularmente dolorosa foi que, quando meus pais começaram a compreender quem eu realmente era, eles reagiram com temor e ira. Eu havia ocultado meus verdadeiros desejos por muito tempo porque não queria arriscar ser desaprovada por eles e perder sua boa opinião a meu respeito. Agora, meus piores temores estavam se concretizando. Senti-me impotente. Não queria viver da maneira como eles queriam que eu vivesse e, na verdade, não poderia. Apesar de, várias vezes na minha vida, ter feito resoluções para agir como cristã, eu sempre acabava frustrada por meus próprios fracassos. Imaginei que minha única opção era aceitar a mim mesma como eu era e esperar que meus pais também o fizessem. Eles não sabiam, mas estavam me pedindo o impossível — ser cristã quando eu não era. E eu não tinha como me tornar o que eles queriam que eu fosse. Todas as minhas esperanças e desejos me levavam na direção completamente oposta.

No México, concluí que ser eu mesma significava me distanciar da minha família. Parecia muito doloroso estar perto deles — doloroso para mim e, como eu bem sabia, doloroso para eles.

DISCUSSÃO PARA O CAPÍTULO 1

1. Compare os relatos de Jack e de Barbara sobre seus conflitos no México e descreva suas diferentes perspectivas sobre a mesma situação.
   a. Que emoções os dois compartilhavam?
   b. O que você acha que os mantinha separados?
   c. Pense sobre um conflito em sua vida. Quais podem ser as diferentes perspectivas naquela situação?

2. Jack disse que relutou em encarar algumas verdades a respeito do caráter de Barbara. Por que você acha que isso aconteceu?
   a. Leia Romanos 4.18-21. Por que Abraão conseguiu encarar verdades desagradáveis? Do que ele estava dependendo?
   b. Por que podemos ter dificuldades para encarar a verdade sobre alguém que amamos?
   c. Como o não "encarar os fatos" impacta um relacionamento?

3. Como a disposição de Jack em se arrepender dos seus fracassos como pai o libertou em seu relacionamento com Barbara? Você pode aplicar isso a algum relacionamento em sua vida?

2
O GOLPE DEVASTADOR

JACK

Era para ser um dia inesquecível. No início de setembro, levamos Barbara de nossa casa, perto da Filadélfia, até a Dickinson College, na cidade de Carlisle, na parte central da Pensilvânia. Eu dirigia, Rose Marie ao meu lado, e Barbara no banco de trás.

Pouco foi dito. A frieza pessoal entre nós três me fez apreciar a beleza do final do verão. Muitas vezes, na parte central da Pensilvânia, o céu de verão é coberto por uma neblina leitosa, uma condição climática abafada que pode se prolongar até setembro. Mas, naquele dia, o céu azul parecia ter sido pintado recentemente. O sol brilhava com calor agradável.

Sob a orientação de Barbara, encontramos o caminho pelas ruas arborizadas de Carlisle até seu dormitório de caloura. "Este é meu dormitório", disse ela com seu primeiro sinal de entusiasmo do dia. Suspeitei que, no fundo, ela estava nervosa e ansiosa.

Depois de colocar suas malas na entrada do prédio estilo colonial, uma senhora decorosa me informou que estávamos no lugar certo. "Mas", acrescentou ela com autoridade, "as meninas do primeiro ano não podem ocupar seus quartos antes das cinco da tarde".

FILHOS DESVIADOS

Depois de um apelo meu, ela concordou em permitir que as malas fossem depositadas no quarto da Barbara antes das cinco. A lei falou, mas também cedeu um pouquinho.

Enquanto as malas eram levadas ao quarto, Rose Marie e eu nos apresentamos a um casal distinto que havia acabado de aparecer no hall de entrada. Eles estavam acompanhados por sua filha loira e alta. Todos estavam um pouco inseguros. Como a nossa filha, a garota loira tentava parecer confiante e adulta.

Depois de conversar um pouco, nós três pedimos licença e fomos passear de carro. Finalmente chegamos a uma estrada que levava a uma área parecida com um parque, não distante de Carlisle. A estrada de terra seguia paralela a um riacho tranquilo, assombreado por bordos e carvalhos antigos, decorados aqui e ali por cornisos. Através de aberturas entre as árvores, o sol da tarde se derramava sobre a floresta e formava piscinas de luz dourada brilhante na estrada, nas folhas e na superfície do riacho.

Parei o carro por alguns minutos para apreciar a beleza ao meu redor. Sou do Oregon, por origem, e os oregonianos são observadores. Parte do esnobismo do nosso estado é que nos orgulhamos de ser espectadores, ao contrário dos californianos, que imaginamos ser ativistas que não tiram tempo para apreciar o mundo natural. Naquele dia, desci até o riacho e depois caminhei entre os bordos imensos. Lancei algumas pedras no riacho. Que mundo magnífico!

Para mim, a criação de Deus é um lembrete contínuo para manter os problemas humanos na perspectiva correta, e encorajo outros a fazerem o mesmo. Mas naquele dia ninguém estava ouvindo. Os tempos antigos haviam passado. Ninguém queria ouvir sobre a graça da luz sobre as trevas ou escutar o som do riacho. Somente eu apreciava a natureza, somente eu dava atenção a esses sentimentos. Sem dúvida nenhuma, Rose Marie e Barbara pensavam que eu estava sendo uma Pollyanna. Provavelmente eu estava. Pois, embora soubesse que havia profundas tensões, não vi quão próximas da superfície elas realmente estavam.

Antes de ir para a faculdade, os relacionamentos de Barbara com seus amigos haviam causado conflitos crescentes entre ela e Rose Marie. Eu não ajudei muito ao visitar um de seus amigos e apontar de forma gentil, mas claramente, que o hedonismo daquela pessoa estava atraindo Barbara para um modo de vida destrutivo. Nem meu esforço nem o de Rose Marie produziram qualquer coisa além de mais ressentimento e autocomiseração em Barbara, que agora se sentia revoltada com nossa "perseguição".

A situação era terrível. Do um ponto de vista vantajoso que tenho hoje, sei que teria sido mais sábio se Rose Marie e eu tivéssemos mantido nossas preocupações para nós mesmos. Mas, na época, nós ainda tínhamos pelo menos uma ligeira esperança de que Barbara tivesse apenas escorregado para uma fase temporária e que as sombras logo se desvaneceriam de sua vida. Nós sentíamos que, se qualquer coisa pudesse ser feita para protegê-la da autodestruição, deveríamos fazê-la.

Naquele primeiro dia na faculdade, Barbara estava empenhada em nos enviar uma mensagem veemente, de tão determinada que estava para romper os laços do amor que nos unia. E isso aconteceu quando voltamos para Carlisle e estacionamos em frente ao seu dormitório. Eu nem me lembro do que foi dito. Provavelmente um de nós disse algo que a inflamou, mas, de qualquer forma, ela saiu do carro, bateu a porta com força e caminhou rapidamente para o dormitório sem se despedir.

Fiquei petrificado, com o coração partido e envergonhado. Percebi algo que nunca havia percebido em Barbara antes. Não foi algo que ela tivesse feito, nem mesmo bater a porta, mas toda a mensagem sutil de que ela se envergonhava de nós e do nosso

Cristianismo. Suas entonações, sua frieza de atitudes, seu olhar superior — todas essas coisas me tornaram consciente de que ela estava nos dizendo: "Deixem-me em paz. Eu não gosto do seu estilo de vida e não quero ficar perto de vocês".

Essa despedida foi muito mais difícil de lidar do que a porta batida em Cuernavaca. Em nosso caminho de volta para Jenkintown, Rose Marie e eu concordamos que havíamos sido alvos de um golpe devastador. Nossos cinco filhos — Roseann, Ruth, Paul, Barbara e Keren — nasceram nessa ordem. Como a mais nova dos primeiros quatro, e cinco anos mais velha do que Keren, Barbara sempre foi parte de um grupo familiar intensamente leal. Agora, Rose Marie e eu sentíamos que estávamos experimentando uma amputação, um corte violento de parte da nossa carne. E o rompimento não havia sido limpo – embora certamente tenha sido completo.

Eu estava irado e envergonhado. Pela primeira vez, estava preparado para admitir que fora ferido. Meus sentimentos clamavam: "Ingrata! Você não quer nada conosco! Bom, por que eu deveria querer qualquer coisa com você?".

Esta era uma boa pergunta: "por que eu teria qualquer coisa mais a ver com Barbara?". Teria sido completamente natural para mim rejeitá-la, guardar rancor ou me lançar à autopiedade. Nos meses seguintes, Barbara deixou cada vez mais claro que ela estava trancando a porta entre sua vida e a nossa, e jogando a chave fora. Ela começou a namorar um rapaz não cristão que claramente não simpatizava com nossos valores, e finalmente nos disse que havia feito uma profissão de fé falsa na Mechanicsville Chapel. Ela nunca fora cristã. Barbara renunciou à sua membresia na igreja e anunciou que finalmente era uma pessoa feliz e realizada.

Em meu torpor, me perguntei o que deveria aprender de Deus. Eu sabia que não devia rejeitar Barbara, e a tentação de fazê-lo logo se dissipou. Mas, o que deveria fazer agora? Por um lado, não havia muito o que pudesse fazer. Eu duvidava se uma chamada telefônica seria bem recebida.

Mas uma ideia me ocorreu, uma ideia que me forçou a um autoexame saudável. Era simplesmente isto: eu amava Barbara como ela realmente era — ou eu somente amava a minha ideia de Barbara? Eu sabia, por causa do meu próprio curso em aconselhamento, que membros da família muitas vezes não se amam por quem realmente são. Eles amam o ideal que criaram do outro. Eu sabia também que o amor que vem de Deus é mais resistente e lúcido. Ele ama as pessoas como elas realmente são. O amor de Deus é honesto a respeito das pessoas enquanto as segura firme até que as transforme.

Gradualmente, entendi que era desse tipo de amor honesto que eu precisava. Depois de tanto desgaste mútuo, não ficou imediatamente claro como alcançar esse tipo de amor, mas foi um ótimo progresso ver que era disso que eu precisava. E eu sabia que Deus o daria a mim se eu realmente procurasse.

Nos meses seguintes, Rose Marie e eu começamos a dar os nossos primeiros passos cambaleantes exercendo esse tipo de amor semelhante ao de Cristo, amor que é capaz de olhar através da dura carapaça externa e enxergar a pessoa desesperadamente necessitada no interior. Para melhor praticar esse tipo de amor incondicional, nós fizemos três coisas:

1. *Nós aceitamos a nova autoidentificação de Barbara.* Ela não era cristã e devia ser aceita como tal. Fazer o contrário seria suprimir a verdade e colocar obstáculos a qualquer novo interesse na fé cristã.

2. *Nós pedimos perdão a ela por termos agido de forma errada como pais.* Barbara nos informou que ela tivera cinco pais durante seu crescimento — Papai, Mamãe, Roseann, Ruth e Paul. Todos

nós pedimos perdão por nossas teimosias e atitudes condescendentes para com ela. Ela pareceu ter aceitado os pedidos de perdão.

3. *Nós não tentamos mais regular ou controlar seu comportamento.* Nós decidimos especificamente não comentar novamente a escolha de amigos dela. Essa última decisão específica precisou de muita graça, que só pode ser alcançada por meio de oração.

O que exatamente nós havíamos feito? Creio que pode ser colocado desta maneira: nós não estávamos apenas desistindo de controlar a vida da Barbara; nós estávamos também reconhecendo que precisávamos desistir dos nossos esforços de exercer *influência* sobre as escolhas básicas dela. É aí que realmente dói para o pai e a mãe zelosos — recuar, e a luta para fazê-lo pode ser intensa. Por quê? Porque todos os pais dignos do nome de mãe e pai estão absolutamente convencidos de que sabem melhor do que o filho como dirigir sua vida. Mas a pressão dessa convicção frequentemente oprime ou confunde a pessoa que é jovem. Em certo ponto, apesar das atitudes erradas e rebeldes, um jovem adulto compreende corretamente que deve começar a tomar decisões por si mesmo. As tentativas dos pais de exercer influência sobre a vida do filho crescido simplesmente impedem que este chegue à maturidade por meio da exposição aos golpes da vida experimentados fora do ninho dos pais.

Para os pais que são moralmente sensíveis, isso pode ser como uma sentença de morte. Eles podem até mesmo chegar a sentir ódio do filho ou ser consumidos pelo temor de "todas as coisas que podem acontecer" a uma pessoa jovem ingênua. Mas, para cristãos como eu e Rose Marie, esse tipo de morte contínua uma ressurreição oculta. Pois essa é a maneira como a fé cristã funciona. Ela possui em si um lado que é o da morte e outro, que é o da ressurreição. Foi morte para os nossos sonhos quando Barbara se identificou como não cristã; foi outra morte admitir que ela havia recebido instrução demais de Rose Marie, dos três filhos mais velhos e de mim; e foi a morte máxima reconhecer que nós não podíamos mais, nem deveríamos, tentar influenciar suas escolhas.

Mas com aquela sentença de morte, nós estávamos sendo progressivamente libertos para conhecer a Deus como o "Deus que ressuscita os mortos" (2Co 1.9). No próximo capítulo, essa ressurreição começa a acontecer.

BARBARA

Com alívio, mas também com temor, saudei meu pequeno quarto do dormitório na Dickinson College, que tinha aparência estéril. Era mais fácil falar sobre a minha resolução no México de me distanciar da minha família e da comunidade cristã do que praticá-la. Em casa, minha mãe e eu entrávamos em conflito constantemente por questões triviais, mas adjacente a isso havia uma profunda fenda em nosso relacionamento. Eu continuava tentando me distanciar e eles continuavam tentando me deter. Eu esperava que a faculdade fosse o fim do controle deles sobre mim e, consequentemente, o cessar das hostilidades. Eu também estava petrificada com a expectativa de ter de fazer novos amigos. Tinha receio de que ninguém gostasse de mim e estava determinada a não ser prejudicada por qualquer ligação ao Cristianismo.

Eu não sabia que meu pai se sentira rejeitado por meu desejo óbvio de livrar-me dele e da mamãe tão depressa quanto possível. Eu havia passado muito tempo com meus pais em novas situações e sabia que a qualquer minuto meu pai poderia começar a testemunhar de Jesus a uma das minhas colegas de quarto. Eu sentia que nem a garota judia rica de Nova Iorque (eu fiquei boquiaberta com seu armário lotado de roupas novas da loja do seu pai) nem a garota sulista quieta e polida ("eu tenho um namorado em

Princeton") se sentiriam confortáveis quando meu pai começasse a dar seu testemunho. Eu sabia que ficaria mortificada. Assim, eu os apressei para fora sem nem pensar em como eles se sentiriam.

Logo que meus pais partiram, comecei a buscar por um novo grupo de amigos. As calouras no Dickinson recebem muita atenção dos garotos veteranos e eu não era exceção. Lembro-me de frequentemente marcar três encontros numa mesma noite. Eu ia jantar com um, a uma festa com outro e então caminhava mais tarde da noite com outro. Eu fumava maconha e bebia regularmente durante a semana. Na maior parte do tempo, eu ia dormir tão tarde que tinha dificuldade em acordar na manhã seguinte para trabalhar no refeitório. Muitas vezes, meus amigos riam quando eu servia ovos mexidos enquanto ainda estava entorpecida de sono.

Os trabalhos escolares não eram minha prioridade. Na maioria das vezes, eu encontrava minha melhor amiga, Sally, antes da aula das dez, para tomar café e comer donuts. Invariavelmente, uma de nós sugeria matar aula e passear no carro laranja dela. Depois de certa argumentação, a outra concordava e nós saíamos pelas ruas de Carlisle ou em alta velocidade pelas lindas estradas do interior.

Ainda assim, embora eu parecesse não me importar com nada nessa vida, havia algo que me incomodava. As mentiras e enganos que eu pensei ter deixado para trás na Filadelfia acabaram se revelando uma parcela fundamental da minha personalidade. Eu mentia para meus novos amigos para parecer mais experiente e divertida do que eu realmente era. Minha consciência, a qual eu tentava ignorar, aflorava nos piores momentos. Certa vez eu estava em uma "festa do pijama" na casa de uma pessoa cujos pais estavam convenientemente ausentes. Nós todos estávamos drogados e nos deitamos no tapete oriental da enorme sala de estar, rindo e sendo patetas. Mas, mais tarde naquela noite, tive uma experiência de medo intenso e comecei a gritar por meu pai. Fiquei a maior parte da noite sentada na minha cama e tremendo. De manhã, ignorei o acontecido como se tivesse sido uma reação da maconha. Eu não queria que nada modificasse minha ideia do que era ser feliz. Qualquer coisa que contradissesse isso, eu simplesmente despejava para fora da minha mente. Eu estava resoluta em provar a mim mesma e aos meus pais que a minha decisão de deixar o Cristianismo havia me tornado feliz.

Embora eu não percebesse isso naquele momento, havia uma ironia em minha vida naquela época. Eu não era mais uma não cristã infeliz fingindo ser uma cristã feliz. Agora eu fingia ser feliz ainda que, no fundo, eu tivesse todos os mesmos temores e inseguranças com os quais tinha lutado durante toda a minha vida. De fato, eu havia meramente trocado um conjunto de mentiras por outro.

DISCUSSÃO PARA O CAPÍTULO 2

1. Jack e Rose Marie pensavam que Barbara estava lhes enviando uma mensagem bem clara quando ela os deixou, seguindo para seu dormitório no primeiro dia na escola.
   a. Que mensagem eles pensavam ser?
   b. Quais eram as preocupações de Barbara?
   c. Jack e Rose Marie leram as ações de Barbara corretamente? Por quê?

2. Jack e Rose Marie se sentiram muito magoados quando deixaram Barbara na faculdade.
   a. Como eles queriam agir depois de se serem assim?
   b. Em vez disso, o que eles fizeram?

3. Por que Jack e Rose Marie decidiram desistir de suas tentativas de controlar ou influenciar Barbara?
   a. Por que desistir do controle é difícil para os pais?
   b. Em que idade isso seria apropriado? Quando isso pode ser inadequado?

3
PERSEVERANÇA POR MEIO DA ORAÇÃO

JACK

Na maior parte de setembro e outubro, nós tivemos pouco contato com Barbara. Rose Marie pediu a muitas pessoas para orarem por ela e por nós — orações que foram grandemente necessárias à medida que Barbara trabalhava nas implicações de sua nova independência. Somente Deus nos capacitou a suportar o peso dos acontecimentos que se desdobraram. Todo o nosso relacionamento com Barbara era como um jogo de tabuleiro interminável, onde Rose Marie e eu figurávamos no papel de perdedores.

No final de outubro, por exemplo, descobrimos que Barbara havia vindo para Filadelfia várias vezes, mas não nos visitou ou telefonou. Isso doeu.

Rose Marie, em especial, sentiu que aquilo era uma rejeição pessoal ao seu amor. Ela sempre amou nossos filhos de maneira especial, e havia frequentemente se colocado à disposição de Barbara como mãe cuidadosa ajudando sua filha em conflito. Quando Barbara tinha apenas um ano de idade, Rose Marie sempre colocava talas nas perninhas tortas de Barbara ajudando-a a aguentar o desconforto de usá-las durante aqueles dias quentes da Califórnia. Rose Marie havia resgatado a ambiciosa menininha de três anos de idade das águas rápidas do Rio Smith ao norte da Califórnia. Durante os primeiros anos de escola de Barbara, Rose Marie ajudou a menina, em dificuldades, a aprender a ler. Rose Marie tolerou pacientemente os hábitos indisciplinados da adolescência de Barbara, sempre pronta a ouvir seus problemas. Rose Marie havia desenvolvido uma ligação íntima com Barbara ao cuidar dela durante um caso severo de disenteria, ao acompanhá-la em acampamentos na Califórnia e no Oregon, e durante um feliz verão que Barbara passou conosco na Espanha. "Sua rejeição foi acima das minhas forças", disse Rose Marie. "Fiquei anestesiada".

O golpe seguinte veio quando Barbara se mudou para viver com seu namorado, Tom Morris. Após nos escrever uma carta dizendo que ele agora estava vivendo com nossa filha, eu viajei para Dickinson, onde defendi o sexo dentro dos vínculos do casamento para Barbara e Tom. Não me lembro muito da conversa, mas sei que não os convenci de que a sensualidade eventualmente cobra sua própria vingança.

Embora Rose Marie e eu ainda estivéssemos tropeçando, eu soube, no Dia de Ação de Graças, que as orações estavam começando a nos mudar. Nós estávamos respondendo à Barbara mais como cristãos adultos e menos como pais supersensíveis. Fazíamos progresso em vencer nossa necessidade de exercer controle sobre Barbara. Mesmo quando fui a Dickinson, eu me sentia relativamente livre da compulsão por agir como um professor escolar endireitando um aluno errante.

Comecei a abordar Barbara como uma não cristã que precisava de ajuda em vez de uma filha ofensora — o que não é uma vitória pequena para pais em sofrimento. Não que não houvesse angústia em meu coração, mas eu estava aprendendo a suportá-la porque pessoas estavam orando por ela e por nós. Daquela época em diante, Rose Marie e eu começamos a falar menos sobre o problema e orar mais — não apenas por Barbara, mas também pela nova igreja em Jenkintown que estava começando a se reunir em nossa casa.

Em novembro, Rose Marie e eu organizamos uma reunião semanal de oração em nossa casa. Nós nos encontrávamos nas noites de quarta-feira por pelo menos duas horas. Nossa intenção era buscar a sabedoria de Deus para discernir se ele queria que começássemos uma nova igreja em nossa área. Pedimos a ele que revelasse sua vontade nos mostrando "um sinal de bondade". Queríamos ver Deus trazer conversões e levantar líderes da igreja como confirmação de que era apenas a obra dele que estabeleceria tal congregação. As reuniões de oração consistiam basicamente no louvor e nas súplicas das promessas de Deus. Por intermédio do estudo da Escritura, cheguei à conclusão de que a verdadeira oração bíblica coletiva deve focalizar duas coisas: (1) o louvor pela grandiosidade da obra de Cristo na cruz e sua ressurreição e (2) o clamor pela promessa feita por Jesus de enviar o Espírito para nos reavivar enquanto oramos unânimes por sua presença (Lc 11.13; At 1.13-14).

Durante o primeiro mês, raramente mais do que oito pessoas participaram. Ao final de três meses, em janeiro de 1973, duas das pessoas que disseram não ser cristãs haviam se comprometido com Cristo e, até aquela data, aproximadamente 25 pessoas estavam participando.

Logo as reuniões de oração das noites de quarta-feira se tornaram conhecidas como um momento vitorioso quando Cristo estava trabalhando de maneiras incomuns. Mais e mais orações estavam sendo respondidas e a noite era dominada por louvor ao

Pai. Logo houve mais profissões de fé e renovações radicais na vida de vários cristãos de longa data.

Durante esse período, uma renovada esperança pela eventual volta de Barbara para Cristo nasceu em Rose Marie e em mim. Coloque-se em nossa posição. Nós ainda estávamos confusos. Uma vez que nossa filha havia usado todos os distintivos da fé cristã e os jogado fora depois, nós inevitavelmente imaginávamos: ela é uma apóstata que renunciou a Cristo? Ela está além do auxílio das nossas orações? Afinal, se alguém sabia sobre o trabalho interior da fé cristã, esse alguém deveria ser Barb. Então, seria essa uma queda da graça sem esperança de arrependimento? Essas dúvidas estavam em nossas mentes. Mas, enquanto esperávamos em Deus em oração, respostas sólidas e úteis começaram a vir.

Logo, Wendell "Bud" Haberen, um dos presbíteros na Mechanicsville Chapel, onde eu havia sido pastor até o início de 1972, teve um encontro com Barbara e ouviu sua história. Como bom amigo de Barbara, ele a ouviu até o fim e fez algumas perguntas inquisitivas. Com efeito, posteriormente ele nos disse: "Eu creio nela. Eu não a vejo como um tipo de caso perdido, sem qualquer possibilidade de vir a Deus. Ela é apenas uma não cristã que se tornou sincera. Pessoalmente, eu não vejo como ela poderia se tornar uma cristã verdadeira sem primeiro admitir que não era".

Pela percepção dele, havia esperança. Ele explicou que pais cristãos às vezes colocam um peso exagerado sobre o filho ter uma experiência de conversão. Seu ponto era que se "um compromisso com Cristo" não for seguido por uma vida transformada, pode ser uma experiência religiosa, mas não uma conversão genuína. Em sua perspectiva, tratar o filho como um cristão desviado ou um apóstata sem esperança se o jovem nunca demonstrou frutos de uma vida transformada é uma forma de autoengano. Ele observou com um sorriso: "Eu sou um exemplo do que digo. Não se esqueça de que você me levou a Cristo *depois* de eu ter uma 'experiência de conversão'".

Rose Marie disse mais tarde a respeito daquele conselho: "Foi um alívio inacreditável. Eu estava confusa. Sentia-me temerosa de que Barbara fosse uma apóstata, alguém a ser excomungada da igreja e depois esquecida como uma réproba irremediável. Mas a ideia de que ela era simplesmente uma não cristã que fingia ser significava que ela podia se tornar cristã mais cedo ou mais tarde, talvez até em breve. Minha mente estava ficando mais clara e eu me sentia livre para orar por ela com fé. Daquele ponto em diante, eu não duvidei mais de que Deus finalmente a salvaria, não importasse o que ela havia feito".

Muitas vezes nós, pais, erramos exatamente aqui, não tirando *tempo* para esperar no Senhor em oração, para pedir com fé por sua sabedoria a fim de compreender como nos relacionar com nossos filhos. Mas quando clamamos sinceramente pela sabedoria transformadora do Espírito, o que descobrimos é surpreendente. Nós pedimos pela presença transformadora do Espírito que vem de Deus, conforme Jesus prometeu em Lucas 11.1-13. E então, ao nos visitar, ele nos revela que foi muito errado ceder ao desespero. Desesperar-se da ajuda de Deus para o filho significa incredulidade, o mais grave dos pecados.

Tal pessimismo frequentemente leva os pais a um segundo erro, um que o Espírito está ávido para vencer. Trata-se simplesmente do fato de que, em nossas dúvidas e ansiedades, damos a Deus poucas oportunidades de ser Deus sobre a situação. Nós lemos livros, procuramos conselhos e conversamos infindavelmente sobre "nosso problema". Estamos tão ansiosos por encontrar o "remédio mágico" para nossa doença e fazer qualquer coisa que traga a recuperação imediata do pródigo e nos liberte da nossa dor, que falhamos em ver que nós também estamos distantes de

FILHOS DESVIADOS

Deus. Falando pelo lado positivo, o Pai deseja nos trazer, como pais, à comunhão íntima da sua casa. Ele é tão sábio! Ele sabe que é tolo de nossa parte tentar trazer nossos filhos para o lar de Deus quando nós mesmos não estamos vivendo em sua alegria e aconchego. Assim, seu método é nos trazer para perto de seu próprio coração e nos fazer experimentar sua paz. Desta forma, por meio das nossas vidas transformadas, começamos a atrair o filho para que retorne à abundância da casa do Pai.

O alvo do Espírito é superar nossa sabedoria humana inquieta e ações impetuosas. Seu interesse supremo é que conheçamos bem o Pai e esperemos nele, em oração, por sabedoria para aprender como alcançar o coração das muitas Barbaras em nossas vidas.

Nós nunca teríamos aprendido essa lição crucial se o Pai não nos tivesse dado graça para orar e para pedir a oração de outros. Por intermédio daquelas orações, nós estávamos aprendendo uma nova perspectiva. Nós tínhamos uma necessidade desesperada de ver Barbara pelos olhos compassivos de Deus. Nós, agora, misteriosamente perdemos toda e qualquer amargura que nossos corações nutriam por ela. Ela simplesmente desapareceu. Nós nem conversávamos muito mais sobre o problema de Barbara. Enquanto os acontecimentos do verão e início de outono começaram a dissipar-se das nossas memórias, nós simplesmente amamos Barbara, e isso era o bastante.

Quando chegou o Natal, Tom e Barbara eram cordialmente bem-vindos em nossa casa como qualquer outro membro da nossa família. Eu tinha um amor especial em meu coração por ambos, um amor que eu cria ser natural, não festivo nem prepotente, mas acolhedor. Eu perdoei Barbara do fundo do meu coração, e fiz o mesmo por Tom. Aquele ato de perdão liberou o amor de Deus em minha vida a agir como um poder divino. Eu me deparei perdoando-os continuamente por qualquer coisa que me entristecesse na vida deles e constantemente substituí qualquer amargura pelo amor de Cristo. Perdão e amor se tornaram um estilo de vida completamente novo para mim.

É irônico, mas o Senhor usou minha inabilidade em perdoar e amar Barbara e Tom para me levar a ele de mãos vazias. Era minha "meia-noite" e eu era o homem que não tinha pão (Lc 11.5-8). No Oriente Médio, não ter pão para um hóspede era motivo de vergonha, e aqui eu era o homem que estava fraco e envergonhado. Foi assim que aprendi a suplicar em oração. Quando verdadeiramente orei desta forma, descobri que quando você continuamente busca, recebe mais pão do que pode comer. O Pai fornece o pão do Espírito, e o faz com muita abundância. Aquele pão consistia em uma nova sabedoria, compaixão e um pouco de humildade que era desesperadamente necessária. Resumindo, o reavivamento havia começado em minha vida e seus efeitos seriam vistos no quebrantamento e arrependimento que tão frequentemente têm caracterizado a New Life Presbyterian Church, igreja que surgiu dos encontros de quarta-feira à noite durante aqueles dias tenebrosos.

Obviamente, o Filho de Deus havia trabalhado nos corações meu e de Rosie Marie para evitar que perdêssemos a maior oportunidade da vida — ser como ele na forma como encarávamos a situação de Barbara e em como a buscávamos. Nunca poderei agradecer suficientemente a Deus pela maneira como ele mudou uma experiência sórdida, humilhante e dolorosa em uma aventura grandiosa coroada por seu amor.

Eu entendo que alguns pais feridos possam pensar que faço o amor por um filho rebelde soar como algo fácil. Pode até parecer que Rose Marie e eu estivéssemos em um plano mais elevado de espiritualidade do que a maioria dos cristãos sofredores que possuem familiares vivendo em rebelião com Deus. Afinal, se orações persistentes e perseverantes lhe dão esse tipo de alívio rápido das tensões, então talvez você esteja, apesar do que disse, nos oferecendo um "remédio mágico".

Mas eu não considero, de forma alguma, aprender a esperar em Deus algo fácil de se fazer. Houve várias frustrações. Barbara estava, de fato, indo de mal a pior em sua vida, por todo esse período, e não parecia tocada por nossas orações nem um pouco. Mas, nessa fase do relacionamento, quem precisava de mudança não era ela, mas seu pai. E isso aconteceu quando realmente me comprometi, como um estilo de vida, com a oração como o poder para o perdão. Conforme o perdão controlava as minhas atitudes, consegui amar Barbara nas situações boas e ruins. Sempre que eu me pegava irado ou frustrado com o seu comportamento, eu simplesmente a perdoava mais uma vez e, assim, podia ver o Espírito de amor novamente governando minha atitude para com ela e seus amigos.

Desta maneira, meu conselho para pais que sofrem é aprender a esperar em Deus com oração. Mobilize outros para orarem por você e seu filho rebelde, mas dê às suas orações o foco de Deus. Estude Lucas 11.1-13, sobre a promessa do Espírito, e absorva a parábola do amor do pai em Lucas 15.11-32. Ela o ajudará a aprender sobre sua necessidade de persistir, esperar, manter sua boca fechada, perdoar e amar. Persevere em tudo isso. Você deixará a amargura e a ira para trás quando prosseguir na maior aventura de sua vida.

BARBARA

Enquanto a Barbara exterior continuava demonstrando um semblante alegre, a Barbara insegura e temerosa procurava desesperadamente por alguém que lhe proporcionasse confiança e segurança. Encontrei essa pessoa em Tom Morris. Bonitão, atlético, inteligente: ele tinha todas as características que eu considerava importantes. Mas mais atrativa ainda era sua disposição em intervir nas situações em que meu pai não intervia mais e assumir o controle da minha vida. Ele me aconselhava a ir para as aulas, me alimentar corretamente e ir para a cama na hora certa. Se eu não o tivesse encontrado, provavelmente minha cabeça teria colapsado por exaustão nervosa, e eu acabaria sendo internada em um hospital.

Depois de poucas semanas de encontros, passávamos todo o nosso tempo juntos, e eu pernoitava em seu dormitório. Ele foi visitar minha família depois que retornei para casa no Natal, e sua atitude de assumir o comando causou boa impressão, especialmente em minha mãe. Quando chegou, nós estávamos todos nos preparando para o casamento do meu irmão, e a casa precisava ser arrumada para o jantar de ensaio com o qual meus pais estavam ajudando. Tom chegou no meio dessa confusão e imediatamente se ofereceu para passar o aspirador de pó na casa. Minha mãe aceitou agradecida e o relacionamento deles começou bem. Mais tarde, quando estávamos abrindo os presentes de Natal e os embrulhos de papel pegaram fogo, foi Tom quem pisou em tudo, apagando o fogo. Sua especialidade era trazer ordem à confusão e ao caos e, em minha gratidão, não observei que eu havia trocado um pai por outro.

A boa opinião dos meus pais com relação a Tom azedou quando, durante o verão, decidimos morar juntos em Carlisle. Isso foi minha decisão, mais do que de Tom. Eu não suportava a ideia de voltar e morar com meus pais por um verão inteiro sem meu novo protetor. E assim nós escrevemos para meu pai para lhe contar sobre nossos planos. Papai ligou e foi nos ver imediatamente. Eu me lembro de almoçar com ele em um pequeno restaurante escuro na estrada principal que passava por Carlisle. Enquanto caminhões enormes faziam uma barreira à nossa visão ao passarem, peguei minha comida e tentei explicar ao meu pai por que eu estava fazendo aquilo. Quando ele descobriu que Tom e eu estávamos vivendo juntos na escola e simplesmente continuaríamos esse padrão durante o verão, seu comentário foi: "Uma vez que Deus é Deus de verdade, então eu preciso me alegrar por conhecer a verdade e não mais crer em uma mentira sobre você".

A reação da minha mãe foi mais difícil de suportar. Embora não tenha dito nada a mim, meu pai mencionou que ela havia ficado bem doente nos últimos dias. Sabendo que enfermidades eram a reação de minha mãe ao estresse, eu também sabia que a pessoa culpada por sua doença era eu. Apesar de descobrir que estava causando dor aos meus pais, ainda continuei com meus planos. A ideia de estar com eles e experimentar seu desapontamento era demais. Eu não pensei que eles poderiam me amar como eu era e preferi ficar com alguém que parecia me amar por quem eu era. Assim, em vez de ir para casa, um lindo e grande lar nos subúrbios da Filadélfia, eu escolhi viver em um pequeno apartamento quente em Carlisle, enquanto trabalhava em faxinas locais por menos de dois dólares por hora. Tom ia para as aulas de verão enquanto eu trabalhava, e nos acomodamos a um relacionamento que parecia o de um casal com muitos anos de casados.

DISCUSSÃO PARA O CAPÍTULO 3

1. Por que era tão difícil para Jack e Rose Marie aceitar que a filha não era cristã?

2. O que impediu os pais de Barbara de se desesperarem no relacionamento deles com ela?
   a. Você já se viu tentado a se desesperar em algum relacionamento?
   b. Leia Lucas 11.1-13. O que você aprendeu sobre como devemos orar?

3. Jack e Rose Marie gastaram tempo estudando a parábola do filho pródigo. Leia Lucas 15.11-32.
   a. Com quais desses personagens você se identifica? Você já foi o filho pródigo alguma vez? O filho mais velho? O pai amoroso?
   b. De que forma você pode aprender a imitar o amor do pai nesta parábola? O que, na prática, isso significaria em seu relacionamento com um pródigo?

4
O JOGO DO CASAMENTO

JACK

"Você aceita este homem como seu legítimo esposo?"
"Sim."
Com essas palavras o namorado de Barbara, Tom, se tornou seu marido. A data foi 5 de janeiro de 1974. Toda a ocasião foi conduzida com muito estilo. Até a natureza cooperou. No dia anterior, uns três centímetros de neve se instalaram nas pedras da Igreja Episcopal e no seu terreno deixando tudo prateado. Isso fez com que os galhos negros das árvores sem folhas se destacassem nitidamente em contraste com a neve branquinha. Uma pessoa romântica podia se sentir transportada a uma antiga vila inglesa.
Barbara nunca estivera tão linda quanto em seu vestido branco de noiva, e Tom, com seus ombros largos, estava elegante em seu terno escuro. Modifiquei a cerimônia para que elementos distintamente cristãos fossem retirados, uma vez que nenhum de nós, inclusive Barbara e Tom, gostaríamos que fizessem votos especificamente cristãos. Mas, como eles esperavam, preguei uma mensagem curta sobre o amor redentor de Cristo, e preguei com

tanta alegria que, ao final, vários de seus amigos da faculdade vieram conversar comigo sobre a mensagem.

Um deles me disse, em suma: "Eu fiquei fascinado pelo que você disse. Foi como se houvesse algo realmente importante e misterioso na vida que eu ignorei, algo que você sabia e eu não".

Enquanto eu conversava com vários deles e compartilhava de minha alegria em conhecer a Cristo, tive um pressentimento de que coisas boas aconteceriam. Eu estava convencido de que alguns desses jovens se tornariam cristãos um dia.

Este foi o único casamento, dos nossos cinco filhos, em que ninguém mais teve parte na cerimônia. Não que houvesse atrito; apenas não parecia adequado misturar os cristãos com o cortejo do casamento. Barbara sentiu isso, e seu irmão e três irmãs também. Entretanto, com exceção de Roseann, a irmã mais velha de Barbara, que estava com seu marido, Jim, no Japão, todos os outros arregaçaram as mangas e ajudaram de várias outras formas. Amigos cristãos de longa data da Mechanicsville Chapel, de nossa recentemente organizada New Life Presbyterian Church e do Westminster Theological Seminary também contribuíram.

Ruth, irmã de Barbara, loira de olhos azuis, marota, muito divertida e séria ao mesmo tempo, fez o vestido de casamento de Barbara, costurou as cortinas para o apartamento do casal em Carlisle e se uniu a Rose Marie e Keren, nossa caçula, para limpar o lar do casal. Outra pessoa que deu tudo de si para esse casamento por amor a Barbara e à nossa família foi um ex-membro da Nação do Islã,[1] o qual Barbara

---

1 N.R.: A Nação do Islã (NOI) é uma organização religiosa fundada nos Estados Unidos por Wallace Fard Muhammad em 1930. Centralizada e hierárquica, a NOI é comprometida com o nacionalismo negro e concentra sua atenção na diáspora africana, especialmente nos afro-americanos. Embora se descreva como islâmica e utilize terminologias islâmicas, seus princípios religiosos diferem substancialmente das tradições islâmicas ortodoxas.

ajudou a trazer para Cristo. Um cozinheiro famoso supriu os alimentos em estilo quase real, assistido por uma dúzia de mulheres cristãs que se voluntariaram para ajudar. Ele preparou um buffet de variedades gastronômicas maravilhoso e o decorou artisticamente.

Foi uma admirável manifestação de amor. Penso que até Barbara se sentiu emocionada. O cozinheiro, com um grande sorriso, disse a ela gentilmente: "Barb, eu não entendo tudo que aconteceu a você. Mas você não pode continuar fugindo do amor de Jesus para sempre. Um dia ele te alcançará".

Minha esperança era que Barb mudasse. Será que o casamento não abriria um novo capítulo curador na vida de Barbara? Infelizmente, logo fiquei sabendo que ela ainda fugia de Deus. Baseado nos valores dela e de Tom, não havia muita probabilidade de esse casamento ter êxito.

Na cerimônia eu havia dito: "Casamento é um dom maravilhoso de Deus, uma forma pela qual duas vidas separadas são unidas e enriquecidas por meio da experiência de uma unidade misteriosa. Mas esse relacionamento lindo não prosperará automaticamente. Ele simplesmente não funcionará bem se você não colocar as necessidades do seu parceiro antes das suas".

Barbara e Tom ouviram alguma coisa disso? Parece que ouviram apenas um pouco.

"Sucesso no casamento", continuei, "depende da capacidade de cada parte de crescer em unidade com o outro. Nosso problema é que é fácil ter unidade com o ideal, mas, se depender de nós mesmos, não temos o poder para praticar esse ideal. Está simplesmente além do nosso alcance amar outra pessoa da maneira como amamos a nós mesmos. Sei que por mim mesmo não tenho, naturalmente, o poder para amar outra pessoa com um amor abnegado e sem preço."

"Muitas vezes falhamos no casamento porque somos vagarosos em aceitar a realidade pós-lua de mel. A realidade é que trazemos para o casamento duas vontades distintas: Eu quero o que quero, e minha esposa quer o que quer. Esta é a causa oculta dos nossos problemas. Em cada um de nós há uma ânsia egocêntrica por dominar o outro, usar o cônjuge como meio para suprir egoisticamente nossas próprias necessidades. Uma vez que cada um de nós quer o que quer mais do que qualquer coisa na vida, todos nós necessitamos de uma grande intervenção de amor que venha de fora de nós mesmos para nos abrandar e renovar."

"Nós precisamos ter nossos valores mais básicos mudados por Deus. Cristo está muito disposto a fazer isso por nós. Em sua bondade, ele chega a nós e se oferece como Salvador e Senhor. Ele é uma pessoa viva. Dele podemos aprender a fazer o que não é natural para nós — colocar o cônjuge em primeiro lugar. Se confiarmos nele, podemos encontrar perdão para os nossos pecados e, a partir desse perdão, renovar diariamente nosso amor pelo outro. Podemos aprender a perdoar os erros cometidos contra nós e colocar o outro em primeiro lugar em nossos relacionamentos. Mas, sem a sua presença em um casamento? Bem, esse tipo de unidade e amor nos assombrará como um ideal impossível, e até mesmo o ideal logo será perdido sob a pressão da agitação humana."

Minha esperança era que Deus usasse as realidades da experiência do casamento para humilhar esse casal que era externamente seguro de si. Mas, como os acontecimentos cedo comprovaram, eles resistiram a ele. Eles não reconheceram a necessidade de sua "grande intervenção de amor". Sem Cristo em sua vida conjugal, os laços da vida de casados logo os oprimiram. Infelizmente, ambos foram cativados pela paixão adolescente de ser felizes a qualquer custo. Eles não sabiam que não há modo mais seguro de garantir a infelicidade do que buscar a felicidade para si mesmo à custa dos outros.

Você esperaria que Barbara, com seu histórico cristão, visse isso. Quão frequentemente os pais de um filho errante olham para os tropeços e dizem no coração: "Ela devia saber disso. Ela sabe disso. Como ela pode fazer essas coisas?". Mas esperar que ela esteja aberta para a sabedoria de Deus é como esperar que um cego tenha visão perfeita. Barbara não podia entender a realidade de Deus mais do que uma pessoa que nasceu cega poderia ver o nascer do sol. Porque ela estava determinada a jogar o jogo da felicidade; tudo que ela podia enxergar era seu próprio prazer.

Sua frase de efeito agora se tornara: "Finalmente sou feliz. O Cristianismo era tão pesado! Agora estou livre. Então, não espere que eu queira voltar ao que me fazia infeliz". Em sua insegurança orgulhosa, ela não conseguia admitir que não estava sendo preenchida pelo casamento.

O Dr. Henry Krabbendam, bom amigo da família e pastor amoroso, visitou o jovem casal em Carlisle alguns meses após o casamento. Ele nos escreveu: "Eles foram bem cordiais, mas, ao mesmo tempo, demonstravam audivelmente suas dúvidas quanto a alguém conseguir acrescentar algo ao que haviam ouvido previamente de você. Juntamente com a cordialidade para comigo, havia uma frieza para com a verdade de Deus como algo que parecia totalmente irrelevante, especialmente para Barbara. Ela justificou para mim que sua vida havia mudado de miserável para feliz como resultado direto de sua decisão de virar as costas para as verdades de Deus".

Na mente de Barbara, *Deus* e *tristeza* eram sinônimos. O quanto dependesse dela, essa era a verdade, e, para um coração que não nasceu de novo, essa perspectiva de Deus é a realidade. Havia certa verdade nisso. Se Deus é o seu Juiz incessante e você nada sabe sobre o perdão dos seus pecados por meio da morte sacrificial de Jesus, então a sua mente estará fechada para o amor de Deus.

Tais atitudes podem ser bastante intimidadoras para um pai, e é tentador dizer: "Você não parece feliz". O único resultado será iniciar uma grande briga. É tentador também se distanciar dela e sentir autopiedade como uma vítima que sofreu abuso. Você pode facilmente acabar entrando no seu próprio jogo enquanto ela joga o dela.

Deus, porém, não faz joguinhos. Ele estava buscando Barbara ativamente por meio do nosso amor e do amor de muitos outros cristãos. Mas, por ele ser Deus, seus métodos nos pegam de surpresa. As esperas vindas dele são especialmente difíceis para um pai como eu aguentar. Eu sou uma pessoa que tem pressa. Mas, pelo menos vagamente, senti que o que parecia vagareza de Deus podia ser um plano maior do que qualquer um dos meus. Será que ele tinha uma intervenção muito maior em mente, além de qualquer coisa que eu poderia imaginar? Talvez seu propósito levaria mais tempo do que eu queria tolerar. Ele estava permitindo que nosso amor fosse tratado levianamente, não valorizado por Barbara, e estava colocando nossos sonhos em modo espera.

Durante os próximos 18 meses, percebi algo desse propósito maior. Certamente eu estava desapontado pelas demonstrações abundantes de amor cristão na cerimônia de casamento não terem sensibilizado Barbara e Tom para o evangelho. Mas aquilo me levou de volta para Deus. Enquanto eu orava e meditava, surgiu o pensamento de que o que realmente importava não era simplesmente procurar Barbara, mas deixar que Deus tivesse a glória em toda a situação. E o que revelaria sua glória? A resposta àquela pergunta agora se tornara bem clara para mim. Era manifestar seu amor por Barbara não importasse o que ela tivesse feito. Amor que é amor verdadeiro não é glamouroso, mas subsiste — mesmo quando não é aceito pelo outro.

Paulo diz que a lei de Deus não recomenda apenas os que falam, mas aqueles "que, perseverando em fazer o bem" obedecem a Deus continuamente (Rm 2.7). Nas Escrituras, a qualidade da perseverança ou persistência é aplicada especificamente a Jesus, em sua vida e, singularmente, aos seus sofrimentos no Getsêmani e na cruz. A Palavra de Deus dá muita ênfase na recusa de Jesus em desistir quando mergulhou nas profundas águas do sofrimento designado por Deus. Hebreus 12.2 diz: "tendo os olhos fitos em Jesus, autor e consumador da nossa fé. Ele, pela alegria que lhe fora proposta, suportou a cruz, desprezando a vergonha".

A ideia bíblica é que o amor não é amor a menos que saiba como persistir dia após dia e talvez ano após ano. Nosso Senhor não podia simplesmente dizer depois de uma hora na cruz: "O preço da expiação pelos pecados é demais para mim. Eu vou descer". Não, ele perseverou em amor até que pudesse clamar com triunfo: "Está consumado". Quando ele deu esse relatório de tarefa cumprida para o seu Pai, foi porque nada mais havia da vontade do Pai a ser feito.

Semelhantemente, como cristãos, cada um de nós tem um trabalho a realizar com sua própria vida. Para fazê-lo, devemos perseverar. E, ao desempenhá-lo, nós amadurecemos e percebemos o quanto pensávamos no amor apenas como um sentimento, que era exposto como tal por causa de nossa indisposição em exercê-lo. Mas Deus deseja que as nossas vidas radiem um amor proativo, que tem suas mangas arregaçadas desde a manhã até a noite. Tal amor é uma boa obra aos olhos de Deus e revela sua glória tanto para a igreja quanto para o mundo. Ele também se deleita no coração do Pai. Ele nada mais é do que um sacrifício de louvor.

FILHOS DESVIADOS

Quando Barbara e Tom vieram nos visitar, tirei um tempo de nossa crescente atuação no ministério na New Life Presbyterian Church para me tornar amigo de Tom. Joguei xadrez com ele. Rose Marie e eu também visitamos os recém-casados em Carlisle. Nós fomos assistir a partidas de esportes como lacrosse e baseball quando Tom estava jogando. Conversei sobre livros e cursos com Barb. Ela ficou especialmente interessada em aprender espanhol na época, e eu compartilhava de seu interesse. Seria isso uma perseverança aparentemente vã e desperdiçada? Acredito que não. O amor nunca é. Deus o deu e Deus estava satisfeito com ele. Foi uma das melhores épocas da minha vida, quando amadureci como pastor não apenas por falar sobre o amor, mas por vivê-lo na prática. Houve dor em parte desta espera e persistência. Mas também houve graça.

BARBARA

Uma vez que Tom e eu já estávamos agindo como um casal casado há tempos, o próximo passo lógico era torná-lo oficial, embora fosse mais ideia minha do que de Tom. Eu via o casamento como a melhor maneira de me distanciar mais dos meus pais e assegurar uma existência independente em que eles não interferissem. Eu queria viver por minha conta, e com isso em mente decidi trancar a faculdade e trabalhar enquanto Tom continuava sua formação. Meus pais contribuíam com dinheiro para minha educação na faculdade e eu queria que até esse laço fosse rompido.

Mas nunca me preocupei em considerar se meu casamento prosperaria. Durante o feriado de Ação de Graças, quando meu pai calmamente levantou algumas perguntas sobre meu casamento, que se aproximava, eu estourei. Papai e eu estávamos sentados sozinhos à mesa de jantar quando ele apresentou o assunto. Depois de alguns comentários introdutórios, Papai lançou sua bomba: "Não vejo como seu casamento com Tom possa ter bom êxito".

Foi como movimentar uma bandeira vermelha diante de um touro. Eu me coloquei rapidamente em pé e gritei: "Só porque não somos cristãos! Você acha que nada na vida funciona a menos que alguém seja cristão. Bom, eu não vou aceitar isso!". Eu saí da sala correndo e comecei a chorar. Meu pai nunca teve a oportunidade de me dizer por que ele pensava que nosso casamento não funcionaria. Eu fui em frente com meus planos sem outra palavra dos meus pais sobre o assunto.

A cerimônia foi linda. Os amigos dos meus pais deram o máximo de si para que o casamento fosse bonito, mas eu estava de mal humor. Meu pai falou sobre sua fé às minhas duas damas de honra, enquanto eu apressava todos para ficarem prontos a tempo de chegar na igreja. O pobre do Tom foi quem mais sofreu com meu humor; eu estava rabugenta o dia todo. O problema era que Tom e eu não estávamos mais apaixonados, e a realidade do que eu estava fazendo começava a me atingir. O casamento se parecia menos como uma rota de fuga e mais com outra gaiola. E eu não queria recorrer aos meus pais em busca de ajuda.

De volta a Carlisle, consegui um emprego como desenhista técnica. Eu ficava o dia todo desenhando pequenas linhas em enormes folhas de papel. Eu me sentia exausta todas as noites que ia pra cama após o jantar. Tom gastava mais tempo com seus amigos, em esportes. Eu nunca fui boa em fazer amizades e agora que não morávamos mais no campus, eu não tinha muito contato com as pessoas.

O tédio que eu sentia se foi brevemente quando compramos uma casa e gastamos algum tempo juntos fazendo os ajustes necessários. Mas quando mudei de emprego e comecei a trabalhar como datilógrafa para o Estado da Pensilvânia, minha frustração e sentimentos de isolamento aumentaram. Eu cria que, uma vez que havia escapado da religião dos meus pais, eu podia fazer o que quisesse. Era para eu estar aproveitando a vida, mas cada vez ficava mais difícil fingir que tinha encontrado a felicidade. Aqui estava eu — vivendo exatamente como supunha que meus pais e seus amigos viviam — sem me divertir e nada fazendo a esse respeito. O desejo de Tom de organizar a minha vida não era mais reconfortante, mas opressivo.

A minha frustração chegou ao máximo no meu aniversário de 21 anos. Tom se esqueceu de comprar um presente para mim, eu bati o carro em um poste ao dar ré e voltei para uma casa vazia. Escrevi um poema amargurado sobre os homens que ignoram os aniversários de suas esposas, coloquei minha cabeça sobre a mesa e chorei.

DISCUSSÃO PARA O CAPÍTULO 4

1. Jack diz que esperar que Barbara "estivesse aberta à sabedoria de Deus" era como esperar que "o cego tivesse visão perfeita".
   a. Existe alguém em sua vida que você espera ter "visão perfeita"? Por que é impossível que eles "estejam abertos à sabedoria de Deus"?
   b. O que somos tentados a fazer quando nos deparamos com alguém que pensamos estar vivendo uma mentira?
   c. Qual seria a maneira de Deus se relacionar com aquela pessoa?

2. Jack e Rose Marie esperavam que Barbara fosse transformada pela demonstração de amor dos cristãos no casamento dela com Tom.
   a. O que Jack descobriu ser o propósito maior nessa situação?
   b. Você pode aplicar isso a uma situação em sua própria vida?

3. Leia Romanos 2.7 e Hebreus 12.2.
   a. Segundo Jack, que aspecto do amor de Cristo somos chamados a imitar em nossos relacionamentos?
   b. Por que é tão difícil fazer isso?
   c. Por que Deus tem prazer quando conseguimos resistir como Cristo resistiu?

5
QUEDA LIVRE SEM PARAQUEDAS

JACK

No mês de setembro de 1975, Barbara deixou Tom. Ela nos contou a respeito ao entrar em casa tão melancólica quanto uma semana de dias chuvosos. Seu relato foi um pouco confuso. Ela parecia estar dizendo: "Estamos nos divorciando". Mas também parecia estar dizendo que era ela quem queria o divórcio, mas Tom era quem estava lidando com o processo.

Não importa quem havia iniciado o divórcio, isso significava apenas uma coisa: dor. Barbara estava sofrendo. Nós podíamos ver que ela ainda amava Tom, e seu amor a cortava como uma faca. Sua face bronzeada parecia pálida e tensa. Eu e Rose Marie sentimos a dor disso tudo. Mas também foi um alívio ver que, pelo menos por um momento, nossa filha não estava jogando o jogo da felicidade. Embora eu odiasse vê-la sofrer, foi encorajador observar sinais de uma consciência perturbada. Subitamente ela parecia humana e real, e até admitiu que parte da culpa era dela. Pela primeira vez em mais de três anos, ela demonstrava estar arrependida de algo.

Ela chegou até mesmo a pedir conselhos a Rose Marie e a mim — outro novo progresso. Dilacerada por emoções conflitantes, ela perguntou:

— O que você acha que devo fazer?

Fiz várias perguntas a ela e finalmente cheguei ao ponto principal:

— Barb, você deseja continuar o casamento com Tom?

Ela pensou por um longo e sóbrio momento. Nós esperamos. Por eu estar familiarizado com o hábito de Barbara de transferência de culpa, minha pergunta tinha a intenção de devolver o problema a ela, a fim de que a decisão fosse dela. Ela precisava, desesperadamente, assumir a responsabilidade de suas próprias ações. Assim, nós esperamos e não demos opinião.

— Barb — explicamos — você já sabe o que pensamos sobre divórcio. Você realmente quer esse casamento?

Finalmente ela disse que ainda amava Tom.

E assim eu concordei em escrever para ele, implorando que reconsiderasse sua decisão. Na carta, eu disse que Barbara havia pensado melhor sobre deixá-lo e queria que o casamento continuasse. Também demonstrei a ele, pela primeira vez desde a cerimônia do casamento, a urgência da importância de adotar o ponto de vista de Deus no casamento. Não esperei que ele me respondesse. Pareceu-me que, já que Barbara havia culpado Rose Marie e eu por seus problemas, Tom devia ter muitos preconceitos contra nós. Mas, para mim, parecia correto abrir uma oportunidade de reconciliação. Talvez tivéssemos algum bom resultado de tudo isso.

Eu tinha uma boa opinião sobre Tom. Como Barbara, ele fora cativado pela frouxidão moral que caracteriza muitos jovens, mas veio de uma família de pessoas moralmente sólidas. Particularmente, Tom havia aumentado sua desaprovação pelos amigos oscilantes de Barbara na Filadélfia, e parte da ruptura entre

Tom e Barbara veio porque ela estava começando a procurá-los novamente.

De nossa parte, a experiência nos levou a imaginar se Barbara estava realmente nos contando a história toda. É verdade que ela estava atormentada pela falta de compromisso de Tom com seus votos, mas nos perguntávamos se não havia um outro lado da história. Barbara tinha a tendência de procurar amigos que construíam suas próprias regras de casamento com o tempo. Para nós, aparentemente Barbara estava imitando esses modelos de comportamento anárquicos.

Não tivemos de esperar por muito tempo pela resposta de Tom. Ele continuou o processo de divórcio e Barbara retomou as amizades da Filadélfia. Rose Marie ficou atordoada. Eu fiquei muito mal. Nós sentíamos como se Barbara estivesse se dirigindo a um abismo e não havia nada que pudéssemos fazer para impedir. Tudo que podíamos fazer era menear nossas cabeças. Nós havíamos temido o pior, e estava começando a acontecer. Era como entrar num pesadelo em que você está vendo alguém a ponto de saltar de um avião. Enquanto a pessoa inclina seu corpo para fora para pular, você percebe que ela não está usando paraquedas. Você tenta gritar uma advertência, mas o grito congela na sua garganta. Você reúne toda a sua força, mas o som não vem. Tudo que você pode fazer é assistir à pessoa cair.

Novamente, nós encarávamos o lado de morte da vida cristã, mas havia uma ressurreição pronta para acontecer ao pisarmos na sepultura. Hoje a minha convicção é a de que não importa quão pesado seja o golpe infligido pelas circunstâncias, cada experiência negativa faz parte do perfeito plano do Pai celestial para cada cristão. Ele permite a hora da destruição com o propósito de construir algo melhor em seu lugar. Nossa parte não é fugir das dores, mas andar pelos espinheiros e espinhos e deixar Cristo nos ensinar como transformar cada arranhão em aprendizado positivo sobre a profundidade do amor de Deus.

Um amigo artista ilustrou esse princípio para nós um dia. Ele sabia o quanto admirávamos sua casa longe do centro com paisagismo maravilhoso. Rose Marie e eu frequentemente a elogiávamos como um dos cenários mais bonitos que já havíamos visto. A casa fica aos pés de uma colina, em um terreno nivelado que termina em um riacho tranquilo, o qual corre ao longo da base de um penhasco pedregoso de 18 metros de altura. A colina e as imediações da casa são cobertas por caminhos habilmente projetados, traçados entre todos os tipos de árvores e arbustos, em sua maioria, pinheiros. A casa tem estilo inglês medieval com um toque oriental. É uma união marcante entre o silvestre e o artificial.

Conforme Rose Marie e eu expressávamos nossa admiração, nosso amigo entrou na casa e trouxe algumas fotos. A princípio, elas nada significaram para nós. Elas mostravam uma terra que havia sido completamente devastada por uma escavadora. Dificilmente podia-se imaginar um cenário tão arruinado.

— Você sabe onde é isso? — Ele me perguntou com um sorriso.

— Não temos a mínima ideia — replicamos.

— Vocês estão exatamente no meio desse lugar!

Ficamos estupefatos. Ele explicou que algumas vezes um artista tem uma visão tão marcante que exige uma obliteração virtual do material com o qual está trabalhando. O artista produz o caos para alcançar o propósito que tinha em mente. Esse tipo de destruição artística produz algo maior e mais nobre do que um cenário favorável poderia proporcionar. Você precisa ver o resultado para ter a noção exata do que o artista projetava. Em essência, seu ponto era que, a arte mais elevada às vezes ocorre quando o artista imita seu Criador, que formou a glória da criação a partir do caos.

Era isso que Deus estava fazendo com Barbara, embora, na época, essa ideia não me atraísse. Eu detestava vê-la cair em um caos que ela mesma havia produzido. Além do mais, não gostava de sentir que eu também fazia parte do processo de rasgar e quebrar. Eu queria gritar: "Pare a escavadora, Senhor; eu gosto da minha paisagem exatamente do jeito que está! Eu já tive todo sofrimento que posso suportar!".

Naquela época, Rose Marie me disse que Jill, nossa nora, e Ruth, nossa filha, queriam conversar comigo. Quando me encontrei com Jill, ela tinha verdadeira sabedoria para compartilhar.

— Ruth e eu sabemos o quanto você e mamãe se importam com Barb —, disse ela. — Mas nós achamos que a melhor coisa que vocês podem fazer por Barb é deixá-la ir até o fim. No momento ela sente a intensidade do seu cuidado, mas enquanto ela sentir esse grande cuidado de sua parte, ela não conseguirá ver Cristo. Vocês são grandes demais no horizonte para que ela enxergue Cristo.

Mais tarde, Ruth disse algo bem parecido. Ela perguntou:

— Papai, há alguma coisa que você precisa dizer à Barbara que ainda não tenha dito?

Pensei naquilo cuidadosamente.

— Não — respondi. — Creio que já disse tudo pelo menos uma vez, talvez mais.

— Então — disse Ruth — se acalme. Eu realmente acredito que, à medida que você e mamãe recuarem e a soltarem, darão espaço para o Espírito Santo trabalhar. Enquanto ela sentir a sua pressão emocional, o Espírito Santo não irá mostrar Cristo a ela. Agora ela sente apenas a presença de vocês e todo o seu cuidado. Até aqui vocês já fizeram tudo o que podiam.

Era uma ideia revolucionária. Era o tipo de sabedoria que só podia, ao final, ter vindo do Senhor. Eu estava levando Barbara tão a sério e inconscientemente fazendo com que sentisse todo meu cuidado, que não estava dando a ela a oportunidade de ser levada a Cristo por seus próprios erros. Eu estava tentando ser o Espírito Santo na vida da Barbara, e, ao fazê-lo, apenas tinha êxito em fazê-la mais cônscia de mim do que de Deus.

O mais espetacular foi a maneira como nossa família nos deu suporte em toda essa luta. Nenhum dos nossos filhos condenou Barbara ou a criticou. Ruth até mesmo me levou a ver o lado divertido da coisa toda, e nós definitivamente precisávamos de senso de humor para o que se desenrolaria depois.

Na véspera do Natal, Barbara veio para nossa reunião familiar com um convidado. Seu nome era John. Anteriormente, ela havia preparado o caminho para essa apresentação ao nos mostrar exemplares de suas fotografias. Eram de primeira classe, altamente originais em escolha de assuntos e precisão fotográfica. Tinham uma intensidade original que era vagamente perturbadora. No entanto, eu decidi reter meu senso de humor.

Barbara e John chegaram em seu Jaguar verde escuro. Ele vestia uma jaqueta de veludo preta e óculos escuros. De boa aparência, magro, alto, John se portava bem, mas parecia alerta e, de alguma forma, cauteloso. Quando Barbara o apresentou, ele foi gracioso, com um toque de reserva. E Barbara obviamente o admirava.

Ao apresentar John, Barbara começou com uma narrativa que carecia de plausibilidade, mas demonstrou originalidade considerável. Ela explicou que John ganhava dinheiro com jogatina. "Ele aposta", disse ela, "em jogos profissionais de futebol americano". Eu não tinha dúvida de que ele fazia isso. A dúvida em minha mente era se ele se sustentava daquela forma. Mas mantive minha boca fechada e descansei no alívio que experimentava ao soltar Barbara. Sabendo ou não, ela estava caindo rapidamente, e nenhum ser humano podia fornecer uma rede de proteção para apanhá-la.

Daquela época em diante, Barbara começou a se vestir com roupas caras e usar anéis e pulseiras de ouro puro. Ela havia encontrado o que queria — um cônjuge condizente com o seu papel de rainha da felicidade.

Naquela noite, ela estava determinada a nos provar quão feliz estava. Abri caminho ao estender a John a mesma cordialidade e amor que tínhamos por Barbara. Não fizemos qualquer pergunta e logo ele estava rindo e se divertindo com todos nós. Não demorou muito e nossos netinhos já estavam se sentando no colo dele.

Enquanto Rose Marie e eu ainda orávamos e esperávamos pela "grande intervenção" de Deus, eu estava satisfeito e confiante de que Deus estava no controle e podíamos confiar nele para cativar Barbara à sua própria maneira e tempo. No presente, eu estava alegre porque o professor dominador que espreita, existente em todo pai, recentemente havia morrido em mim quando me curvei à sabedoria de Jill e Ruth. A liberdade de tratar Barbara apenas como eu trataria qualquer outro não cristão se tornou preciosa para mim. Com a ajuda de Deus, me retirei de cena. Emocionalmente, eu estava liberto dos conflitos destrutivos com Barbara e recentemente aberto para aprender de Deus sobre modos construtivos de conflitos espirituais. Eu sabia que, do caos, uma nova criação surgiria, uma criação que glorificaria a Cristo.

BARBARA

Tom havia se tornado o centro da minha vida. Assim, quando a vida se tornou insuportável, eu o culpei. Eu sabia que em algum lugar havia um mundo de glamour e entusiasmo — e se eu pudesse encontrá-lo, eu cria que seria feliz. Pensei ter encontrado esse mundo quando conheci John. Ele era mais velho, mas sofisticado e rico. Suas posses revelavam seu bom gosto: o carro esportivo caro, a casa enorme com vistas para o campo e a matilha de cães de caça exóticos. Ele pensou que eu me adaptaria com facilidade e certamente era o que eu queria. O fato de seu dinheiro na verdade vir do tráfico de drogas só me deixava mais fascinada por ele.

Deixei Tom e comecei uma nova vida com John. Os aspectos externos da minha vida agora eram muito diferentes. Eu não precisava mais me levantar às seis da manhã para digitar memorandos sobre locais de descarte de lixo, e não precisava mais me preocupar com as contas no final do mês. Em vez disso, nós gastávamos nosso tempo indo a bons restaurantes, comprando presentes caros para nós mesmos e para outras pessoas e viajando de avião, a qualquer instante, para a Flórida, onde John conduzia seus negócios. Minha família sempre brincava que eu era o tipo de pessoa que teria o café da manhã servido na cama todos os dias. Apesar de rir, eu secretamente acreditava nisso. Eu merecia esse tipo de vida e agora eu a possuía. Imagine minha felicidade quando John contratou um mordomo. Agora eu não precisava mais fazer nada que não quisesse.

A princípio a única nuvem no horizonte foi a reação da minha família e amigos. Todos ficaram horrorizados. Eu havia deixado Tom e agora morava com um traficante de drogas que carregava dinheiro numa maleta e uma arma no cinto. Minha amiga Sally veio passar o fim de semana com seu namorado, que ficou tão chocado com as pilhas de dinheiro, as armas e os carros alugados na entrada da casa que voltou para a casa dele no meio da noite. Outra amiga, Betsy, veio nos visitar e nunca mais entrou em contato comigo. Anos mais tarde, ela confidenciou que John a amedrontava profundamente; ela sempre sentia que sua vida corria risco quando estava perto dele.

Minha família era moderada, mas obviamente estava desconfortável. Durante nossa primeira noite juntos, nós apresentamos três explicações sobre como John ganhava seu dinheiro. Dissemos que (1) ele era um pintor de casas, (2) ele era fotógrafo e (3) ele apostava profissionalmente. Infelizmente, meu irmão, que era pintor de casas profissional, ficou curioso e queria saber por que ganhava tão menos que John. Ele fazia perguntas a John sobre seus métodos enquanto sua esposa, Jill, o chutava sob a mesa. Um dos meus cunhados, Jim, é fotógrafo amador, e embora se sentasse tranquilo enquanto John mostrava seu trabalho, eu podia ver que ele sabia que essas fotos não eram o portfólio de um profissional. Elas eram boas, mas não tão boas. Como último recurso, nós dissemos a eles que John apostava profissionalmente. Uma vez que não fizeram mais perguntas, eu supus que minha família havia crido em nós ou não estava mais interessada em escavar a verdade.

Mas outra nuvem, mais negra, era o meu relacionamento rompido com Tom. Embora eu pintasse Tom da pior maneira possível para minha família, em meu coração eu sabia que eu era responsável pelo fim de nosso casamento. Ele havia sido fiel; eu não. Mais tarde, quando fiquei sabendo que Tom estava vivendo com outra mulher, fiquei desolada. Mesmo com John, eu queria Tom de volta e tinha longas conversas telefônicas com ele nas quais eu tentava convencê-lo a dar outra chance ao nosso casamento. Não era necessário que meus amigos destacassem quão irracional isso era; eu podia ver por mim mesma. Em desespero, procurei uma psicóloga.

Minha terapeuta ouviu calmamente enquanto eu contava a ela sobre minha confusão e como as crenças religiosas dos meus pais ainda estavam arruinando minha vida. Quanto mais silêncio ela fazia, mais eu falava. Eu me perguntava quando começaria a ganhar a compaixão que merecia pela maneira como meus pais haviam me feito sentir culpada por tudo que fiz. Sua única resposta era que não estava interessada no meu passado, mas em como eu estava lidando com meu presente. Que desapontamento! Minhas sessões semanais se tornaram mais difíceis para mim à medida que eu me esforçava por uma compaixão que nunca recebi.

Assim, quando John sugeriu nos mudarmos para as montanhas Pocono, concordei com entusiasmo.

DISCUSSÃO PARA O CAPÍTULO 5

1. Segundo Jack, ver o casamento da filha se romper foi como assistir a uma escavadora nivelar um terreno.
   a. Você já experimentou uma escavadora em sua vida? Ou na vida de outra pessoa?
   b. Qual foi a conclusão de Jack sobre essa experiência da "escavadora"?

2. A filha e a nora de Jack o aconselharam a parar de dar conselhos a Barbara e não ficar tão envolvido emocionalmente com os problemas dela.
   a. Qual era o raciocínio por trás disso?
   b. Jack e Rose Marie já não haviam aprendido que precisavam se distanciar de Barbara? Por que eles precisaram aprender essa verdade repetidas vezes?

3. Segundo Jack, ele foi tentado a agir como o Espírito Santo na vida de sua filha.
   a. Há alguém em sua vida a quem você é tentado a agir como o Espírito Santo?
   b. Como você imagina que isso pode impactar o seu relacionamento com ela?
   c. Em que precisamos crer sobre Deus para não agirmos como o Espírito Santo na vida das pessoas ao nosso redor?

6
PERDÃO COMO ESTILO DE VIDA

JACK

Um dia, Lisa, uma amiga de Barbara, nos ligou. Ela achava muito triste ver Barbara e eu tão distantes e disse que Barbara estava pronta para uma reconciliação se eu também estivesse. Agradeci a ela e fiquei pensando sobre aquela ideia.

Apesar de ela não ter afirmado diretamente, a implicação era que Barbara estava irada comigo. Teria sido natural eu dizer: "Veja, eu sou a parte ferida aqui. Se for para ter reconciliação, ela deve começar com Barbara". Porém, eu sabia que a Bíblia ensina claramente que se soubermos que ofendemos alguém, nosso dever é procurar aquela pessoa e tentar retirar a causa da ofensa (Mt 5.21-26).

É tolo pensar que você pode viver com um filho por 18 anos sem cometer vários pecados contra ele. Pense apenas nas coisas óbvias — a falta de afeto ocasional, a frieza no comportamento, estar tão atarefado que não dá ouvidos aos seus problemas e mágoas — e você conclui que um jovem que não aprendeu a perdoar deve carregar uma mala bem pesada de ressentimentos.

FILHOS DESVIADOS

Assim, engoli meus temores, orei pela promessa da presença do Espírito pela fé, e pedi a Barbara para conversarmos. Andamos até uma pequena ponte em Melrose Park. Depois de conversar um pouco, eu disse:

— Barb, creio que você tenha algumas coisas contra mim, talvez coisas que eu precise corrigir.

Depois de uma pequena hesitação, ela respondeu:

— Sim, tenho. Enquanto eu crescia, você sempre foi meu herói. Aos meus olhos você era perfeito.

Pausa.

Minha memória voltou aos primeiros anos da vida da Barbara. Em Ripon, Califórnia, onde eu lecionava Inglês no ensino médio, nós frequentemente saíamos dirigindo, em família, após as aulas. Dirigindo rumo à base da Sierra Nevada em nosso Buick 52 ou para o Rio Stanislau para nadar. Barbara ficava em pé no banco ao meu lado, seu braço no meu ombro. Barb era minha amiga. Como o restante dos nossos filhos, ela absorvia tudo que eu podia narrar sobre contos de fadas, *A Ilíada* e *A Odisséia*, histórias da Bíblia e o Catecismo Menor. Rose Marie liderava a parte dos hinos. Eu sabia que havia sido o ídolo de Barbara.

— Quando eu cresci — continuou ela — entendi que ninguém podia ser tão perfeito. E assim, quando me tornei adolescente e via as suas fraquezas, eu não sabia como lidar com elas. Quando qualquer problema aparecia, qualquer crise, você era aquele que sempre sabia o que fazer. Lembro-me de que sempre houve um círculo de admiradores ao seu redor. E eu sabia que ninguém é tão perfeito assim, tão organizado e seguro de si o tempo todo.

Eu podia sentir a ira por trás de suas palavras.

— Barb — eu disse — sinto muito por isso. Eu não sou perfeito, e lamento ter dado a impressão de que eu pensava ser. Sei que houve muitas vezes que, em meu coração, eu não tinha respostas e eu devia ter-lhe dito isso. Você me perdoa?

A ira derreteu de seu rosto e ela lançou seus braços ao meu redor e soluçou:

— Eu te perdoo, eu realmente perdoo!

Foi um momento lindo — presente de Deus, possibilitado por seu amor trabalhando em nossas vidas em resposta a muitas orações. Foi o melhor exemplo de um conflito construtivo. Meu modo natural de fazer as coisas teria sido tentar endireitar a vida moral dela, tentar fazê-la se distanciar de pessoas como John e abandonar as joias de ouro e roupas dispendiosas. Mas, a essa altura, sem primeiro sermos reconciliados, eu nada teria conseguido a não ser aprofundar nosso distanciamento. O que ela precisava de mim era o conhecimento de que eu a amava incondicionalmente. Essa é a arma mais poderosa no arsenal dos pais e a única arma que pode realmente tocar a consciência endurecida de um espírito profundamente rebelde.

Foi para esse assunto que Barbara se voltou imediatamente.

— Papai, eu quero saber se você me ama, incondicionalmente!

— Sim, eu a amo — disse — e tentarei continuar fazendo isso.

A conversa continuou, e, ávido por vê-la experimentar outras libertações, pedi a ela:

— Existem outras pessoas com as quais você esteja irada?

Após vários minutos, Barbara nomeou várias pessoas da comunidade cristã que a haviam deixado irada. Ela estava especialmente amargurada com dois professores de sua escola que eram cristãos.

Essa revelação abriu caminho imediato para uma crise. Você podia ver pela forma como ela falava que ainda estava abalada por algumas coisas que esses professores haviam feito. Sugeri que ela os perdoasse juntamente com os outros que ela havia mencionado. Mas seu problema era que ela havia rejeitado a Deus e à sua verdade, e perdão só faz sentido dentro desse âmbito. Foi uma crise dolorosa para ela. Como você perdoa alguém quando você rejeitou toda a ideia de ter sido alvo de pecado — a ideia de que existe uma lei de Deus que foi quebrada?

— Eu não consigo ver como posso perdoá-los —, ela respondeu. — Mas eu concordo que preciso. Minha amargura contra eles; preciso me ver livre dela.

Não foi insensível. Seu dilema era real, um dilema que existe na vida de todas as pessoas que rejeitam as leis de Deus sobre suas vidas. Como você vive em um mundo que realmente não faz muito sentido a menos que você pressuponha a soberania de Deus sobre ele? É claro que eu não pensava que Barbara fosse, na verdade, ateia ou agnóstica. Ela havia simplesmente trabalhado para matar a consciência de Deus em si, e até aquele momento ela estava fazendo um bom trabalho nesse sentido. Mas para perdoar ela precisava pisar em terreno emprestado: precisava entrar no reino de Cristo. Ela não somente teria de agir como se Deus existisse, mas também teria de agir como se as leis de vida dele — como a que exige que perdoemos outros — se aplicassem a ela. Em outras palavras, perdoar os professores representaria algo como submissão a Deus.

— Talvez — eu disse — você não devesse tentar entender tudo. Apenas os perdoe.

— Eu não sei como, ou talvez eu não queira perdoar. Veja, papai, isso não faz sentido, mas vou tentar.

E então a guiei, como a uma criancinha, pela lista de nomes. Ao mencionar cada nome, eu dizia: "Eu te perdoo", e Barbara repetia tudo após mim. Logo ela pareceu aliviada. Eu podia ver quanta amargura havia saído dela. Isso confirmou a minha convicção de que o princípio de Deus para ordenar a vida humana funciona quando nada mais funciona.

O nosso relacionamento parecia ter entrado em uma nova fase. Nós éramos amigos novamente, mas sem as velhas ilusões.

Estávamos construindo uma amizade com base na verdade, e isso era algo lindo.

Esse novo elo também me deu uma nova liberdade para falar a Barbara a partir do coração. Creio que sob uma compulsão vinda de Deus, eu disse a Barbara antes de partirmos:

— Barb, há algo que quero que você saiba, embora não precisemos discutir sobre isso. Eu perdoo você também. Eu perdoo você por qualquer coisa que você tenha feito contra mim.

Isso foi dito gentilmente e com amor. Ela parecia muito pensativa. Talvez surpresa? Não sei. Pouco sabia eu que esse ato daria início a toda uma nova linha de pensamentos na mente de Barbara, levando a mudanças muito positivas.

Embora eu saiba que alguns cristãos têm problemas com o que foi feito na pequena ponte em Melrose Park, eu vi tudo aquilo como os primeiros sinais de primavera no inverno da vida da Barbara. Para alguns cristãos, pode parecer não bíblico. Eles podem dizer: "Você não pode perdoar alguém que pecou contra você a menos que essa pessoa se arrependa". Alguns chegam a dizer que você não deve perdoar até que a pessoa tenha demonstrado arrependimento por meio de uma vida transformada durante certo período. O que eles deixam de ver é que o perdão também tem estágios. Primeiro, você perdoa a pessoa que não mudou e que persiste no mau comportamento. Você perdoa com a esperança de que, com o passar do tempo, ela se arrependa. Em seguida, você aprofunda o seu perdão quando a pessoa expressa arrependimento e mostra o fruto de uma vida transformada. Nessa fase, você recebe a pessoa completamente arrependida em sua comunhão.

De acordo com as Escrituras, o perdão está no próprio coração da nova aliança que Jesus estabeleceu em sua morte expiatória por nossos pecados. Por intermédio da fé na morte de Jesus, os pecados do cristão foram perdoados. É dom gratuito de Deus, e o cristão o adota como seu estilo de vida distinto, cobrindo toda a gama de emoções e relacionamentos. Perdoado por Deus, o cristão pode, então, perdoar outros (Mt 26.28). De fato, espera-se que o cristão perdoe o tempo todo e com sinceridade (Mt 18.21-35; 6.12; Mc 11.25). Na cruz, Jesus perdoou seus inimigos enquanto eles ainda estavam se alegrando com sua desgraça, mesmo não havendo qualquer evidência de que tenham se arrependido dos seus erros (Lc 23.34). Semelhantemente, quando Estêvão intercedia por seus perseguidores por ocasião do seu martírio, não havia o menor indício de remorso entre eles (At 7.60). A despeito da impiedade deles, Estêvão exibiu não somente um espírito amoroso, mas também rogou a Deus que os perdoasse.

Existe outro assunto que frequentemente fica oculto no quadro. Trata-se do seguinte: a prática do perdão pleno supera nosso amor próprio mesmo quando estamos certos e nosso verdadeiro prazer e apego ao senso de termos sido injustiçados. Eu sabia que precisava retirar esses sentimentos da minha vida se fosse para eu ter sucesso em meu conflito com Barbara. E nós estávamos em conflito. Não pense que não estávamos! Nós éramos soldados servindo a líderes distintos, e eu precisava desesperadamente usar somente as armas designadas por meu Comandante. A prática constante do perdão não deixa espaço para a justiça própria. A condenação frustrada do outro e o apego a velhos erros não fazem parte da artilharia de Deus, mas das criaturas escorregadias, pegajosas e mortais do Príncipe das Trevas.

O problema com uma amargura que não perdoa é que ela é uma raiz oculta que pode penetrar profundamente o coração sem que a pessoa que a possui saiba que ela está lá. Quando isso acontece, a oração se torna ineficiente porque o Espírito se entristece com a nossa falta de perdão (Ef 4.30–5.2).

Olhe para isso pela perspectiva de Deus. Quando você pede a ele que intervenha e salve um filho errante, você está, na verdade, dizendo: "Deus, trabalhe na vida do meu filho para que ele possa ser aceito no teu céu. Não condene meu filho. Perdoe e salve-o". Mas Deus vê o seu coração. E o que ele enxerga nele? O exato oposto pelo qual você orou. Você pede a ele que perdoe um filho, mas o seu coração está repleto de lembranças de muitos erros cometidos contra você. Você tem sentimentos de comiseração por tudo que o seu filho voluntarioso o fez sofrer. Na verdade, você não perdoou o seu próprio John ou a Barbara ainda. Você diz: "Eu perdoarei quando enxergar primeiro o arrependimento, mas não antes disso". Como você supõe que Deus pode responder a orações que são apresentadas com esse espírito?

Alguns anos atrás, uma mãe cristã me pediu para orar por sua filha Terissa. Ela detalhou para mim a triste história de rebelião da Terissa. Mas, enquanto era revelada, eu imaginava se aquela era toda a história.

Eu perguntei com todo amor possível: "Suponha que Terissa retorne hoje e lhe peça perdão. Ela seria bem-recebida pela família?".

Um olhar estranho passou pelo rosto daquela mulher. "É claro que não", disse ela. "Há mágoas demais na família, e muita amargura também contra ela. Nós simplesmente não poderíamos recebê-la bem."

Desejando exercitar compaixão, perguntei se a família não precisaria simplesmente de mais tempo para se adaptar à Terissa arrependida. Para minha surpresa, a mulher meneou a cabeça. Ela não tinha certeza se a família algum dia poderia perdoar e esquecer. Pelo menos ela era honesta. Estava claro que o que realmente incomodava essa família era ter sido traída por um membro antes leal. A visão daquela traição expulsava o amor de Deus. Os membros daquela família pareciam ter se apaixonado por suas próprias feridas.

Eu disse à mulher que sua família precisava se arrepender talvez até mais do que Terissa. Eu lhe assegurei do meu amor e, lá mesmo, a convidei para se juntar a mim em oração por sua família e filha voluntariosas. Minha esperança era que Deus, em sua graça, trouxesse *toda* a família a uma nova visão da graça perdoadora de Deus.

Pela providência de Deus, quando os pais são confrontados com a experiência amarga da traição prolongada de um filho, isso representa uma oportunidade de aprender novas e maravilhosas coisas sobre a abordagem de Deus quanto ao perdão.

Para aprender sobre a perspectiva de Deus, estude as passagens da Escritura sobre perdão que são listadas neste capítulo. Depois, dedique-se a um autoexame saudável. Você não quer fungos fermentando no porão da sua vida, exalando uma fumaça venenosa, silenciosa e insidiosa, para dentro dos cômodos do seu coração.

Peça ao Pai que lhe dê o Espírito Santo para sondar seu coração e revelar o que está fermentando no porão da sua vida. Afinal de contas, se o porão estiver limpo, você não tem nada a temer. Mas, se não estiver, você precisa começar a varrer todas as sujeiras amargas da sua vida e deixar que o ar fresco do perdão entre.

BARBARA

Antes de ir para Poconos com John, visitei alguns amigos na Filadélfia, em uma antiga casa de pedra em Melrose Park. Enquanto relaxava em um dos quartos no segundo andar, minha amiga Lisa veio e me disse: "O seu pai está aqui para ver você".

Eu tive sentimentos contraditórios enquanto descia os degraus para recebê-lo, embora estivesse impactada por ele me procurar, especialmente aqui, onde tudo que aconteceu era diametralmente oposto às suas próprias convicções e ações. Mas eu me perguntava sobre o que ele queria. Senti como me sentia quando era criança e o ouvia chamar: "Barbara Catherine, venha aqui agora mesmo!", da base da escada. O uso do meu segundo nome era sempre um alerta de que eu estava em apuros. Será que ele estava silenciosamente chamando "Barbara Catherine" agora? Eu não sabia, então me preparei para o pior.

Depois de nos cumprimentarmos, ele me pediu para fazermos uma caminhada. Conversamos sobre acontecimentos cotidianos até alcançarmos uma pequena ponte. Nós paramos e, enquanto eu lançava, nervosa, pequenos gravetos na água, meu pai me espantou ao perguntar: "Você tem algo de que precisa me perdoar?". Eu tinha muita coisa, mas, por um momento fiquei atônita. Raramente via meu pai admitir que havia feito algo de errado alguma vez. Na nossa família, ele trabalhava conosco até confessarmos *nossos* pecados. Isso era o que eu tinha contra ele. Eu conhecia os pecados dele — afinal, convivemos 18 anos — mas eu não fazia ideia de que ele pudesse admitir qualquer das suas fraquezas para sua família. Minha mãe lidava com os conflitos com meu pai tendo crises de alergia. Aos meus olhos ingênuos, meu pai merecia a culpa pela fraqueza da minha mãe. Quando expliquei um pouco disso para ele, fiquei mais chocada ainda quando ele me pediu perdão. Creio que nós dois choramos quando eu disse que o perdoava, e nós nos abraçamos.

As conversas com meu pai sempre têm uma certa mistura de boas e más notícias, e essa conversa não foi diferente. Após eu perdoá-lo, ele disse que tinha algo do que me perdoar. Ele disse que me perdoava pelo modo como eu virei as costas para ele e minha mãe quando me deixaram no Dickinson College. Era novidade para mim que eu os havia magoado. A princípio, fiquei irritada por ele ter tido a audácia de me perdoar por algo que eu nem sabia que havia feito. Mas, ao pensar sobre aquilo, minha consciência começou a me incomodar. Seria possível, imaginei, que meus pais fossem humanos também? Eles tinham sentimentos que podiam ser machucados como os meus? Essas eram ideias novas para mim.

FILHOS DESVIADOS

Logo depois dessa conversa, me mudei para Poconos. Apesar de agora estar fisicamente mais distante da minha família, eu me sentia mais próxima deles emocionalmente. Pela primeira vez, senti que meus pais me aceitavam por quem eu era, e não por quem eles queriam que eu fosse. Meu pai, ao confessar que havia errado comigo, se tornou mais humano para mim. Eu estava começando a me sentir confortável novamente em minha própria família.

DISCUSSÃO PARA O CAPÍTULO 6

1. Neste capítulo, Jack procura Barbara e pergunta o que ela tem contra ele.
   a. Mencione algumas das razões pelas quais isso teria sido difícil para ele fazer.
   b. Por que você acha que essa atitude derreteu o coração de Barbara?

2. O que Jack diz ser a arma mais importante que os pais têm para alcançar a consciência dos seus filhos?

3. Barbara diz, anteriormente no livro, que isso era uma coisa que ela queria dos pais. Mencione algumas razões pelas quais nós achamos difícil oferecer amor incondicional num relacionamento problemático.

4. Jack diz que nós precisamos praticar o perdão como estilo de vida. Leia as seguintes passagens sobre perdão: Mateus 26.28; 18.21-35; 6.12, 14; Marcos 11.25; Lucas 23.24; Atos 7.60.

a. Baseando-se nessas passagens, descreva como e sob que condições nós somos chamados a perdoar outros.

b. Há alguma pessoa ou erro que não tenhamos de perdoar?

c. A "prática constante do perdão" não deixa espaço para que tipo de pecado? Por que isso acontece?

d. Se escolhermos não perdoar, como isso criaria obstáculos para o nosso relacionamento com Deus e com outros?

e. Existem pessoas em sua vida que você precisa perdoar? Tire tempo agora para perdoá-las em seu coração.

7
ORANDO COMO FILHOS DO PAI

JACK

O grande ônibus de turismo de cromo e vidro nos pegou no aeroporto de Genebra. Em poucas horas, ele levou aproximadamente trinta de nós, americanos, por Lausanne e sobre as montanhas em direção a Gstaad. Ao transitarmos cuidadosamente pela última das curvas da montanha, podíamos avistar lá embaixo a vila Château-d'Oex. Ela se desdobrava em um largo vale cercado por montanhas arborizadas. Ao nos aproximarmos, podíamos ver chalés decorando as encostas. Em seu centro, a pequena cidade era marcada por uma colina sobre a qual havia uma igreja de pedra e prédios adjacentes. Próximo à igreja, o ônibus estacionou em frente a um hotel cujo estilo lembrava um grande chalé. Esse era o nosso destino.

Eu tive alguns receios a respeito dessa viagem. Na época, eu tinha inúmeras responsabilidades: ensinar no Westminster Theological Seminary em tempo integral, pastorear a Igreja New Life, que crescia rapidamente, e fazer um trabalho evangelístico com a Presbyterian Evangelistic Fellowship (PEF). E, é claro, minha preocupação com Barbara era constante. O que eu estava fazendo sendo preletor em uma conferência na Suíça? O que eu não sabia era que Deus usaria essa conferência para mobilizar novos recursos espirituais na luta por reivindicar Barbara para Cristo — e Rose Marie e eu precisávamos de mais ajuda do que qualquer ser humano pudesse suprir.

Minha esperança era a de que a reconciliação entre mim e Barbara resultasse em mudanças imediatas na vida dela. Essa esperança em breve foi destruída nas duras rochas da realidade quando Barbara começou a viajar extensivamente com John e outras pessoas como ele. Inicialmente, ela foi para a Flórida, depois, Porto Rico e então para as Bahamas. No princípio de março de 1976, John deu a ela um casaco de pele maravilhoso. Combinou muito bem com seus enormes anéis e pulseiras de ouro.

Tudo aquilo nos deixou inquietos, na melhor das hipóteses. Nós tentamos tolerar Barbara e seus amigos, mas não era sempre que tínhamos a certeza de onde colocar os limites. Foi humilhante nos sentirmos tão além de nossa capacidade de entender ou controlar. Muitos pais veem isso como uma grande desvantagem e se ressentem por serem colocados em uma situação óbvia de não controle. Creio que isso é um erro enraizado em nosso desejo de parecer sábios e entendidos diante dos nossos filhos.

Portanto, mesmo não sabendo o que fazer, nós decidimos que, se tivéssemos de errar, deveríamos fazê-lo do lado da transparência e da amizade. Nós até fomos a Poconos esquiar com Barbara e John. Sempre leais, Paul e Jill foram conosco, e acabou sendo uma ocasião muito boa para todos. É claro que os indícios de riqueza que cercavam John não tranquilizaram nossas preocupações. Ele tinha uma casa linda, quatro carros caros e vários cães de caça caros — leões-da-rodésia — que eram grandes, poderosos e extraordinariamente rápidos. Um deles até se tornou meu amigo.

Barbara nos disse que estava feliz, o que, na verdade, me fez sentir um nó no coração, pois sabíamos que ela estava completamente perdida e aparentemente alheia ao poder crescente do mal em sua vida. Quando eu pensava sobre ela e John, tinha vontade de chorar.

A nossa família sempre obedeceu a regras rígidas contra a fofoca, mas era impossível não continuar nossas especulações sobre a ocupação do John. Ele lidava com jogos de azar? Provavelmente. Mas eu venho do país do jogo de apostas e nunca encontrei alguém que realmente se tornasse rico por meio disso, a não ser, é claro, os proprietários de cassinos. John não alegava interesse em nada desse tipo. Estaria ele envolvido em prostituição? Por algum motivo, ele não parecia ter esse perfil, mas talvez. Contrabando? Drogas? A última opção parecia a mais provável.

Quanto mais pensávamos em John, o homem misterioso, mais sentíamos que Barbara corria perigo. Insistir com ela para abandonar John, porém, provavelmente a levaria a reagir mergulhando mais profundamente nesse estilo de vida ambicioso.

Assim, tentamos nos acalmar, manter nossas bocas fechadas e esperar. Esperar de modo piedoso, sem frustração, mas orando em dependência a Deus, não é fácil, pode acreditar. Esperar que Deus intervenha é um tipo de morte, uma humilhação especial para americanos ativistas como nós. Queremos sempre fazer algo, encontrar alguma nova alternativa para obter alívio instantâneo às nossas dificuldades. Mas, pouco a pouco, eu absorvia a ideia de que Deus desejava que nós o encontrássemos e deixássemos que ele encontrasse Barbara da sua própria maneira e no seu próprio tempo.

Nós sabíamos que John não havia aprisionado Barbara e que a verdadeira cadeia com a qual o maligno a havia prendido era a própria perspectiva mental dela. Como vários jovens, ela estava convencida, com intensidade quase religiosa, de que a coisa mais importante na vida era buscar a realização e que a pior coisa era ser infeliz — e a pior forma de infelicidade era o tédio. Barbara odiava monotonia. Ela havia deixado Tom porque o casamento se tornara enfadonho e rotineiro. Ela havia se unido a John porque a vida dele parecia emocionante, e a imaginação adolescente dela não poderia conceber qualquer coisa ruim acontecendo por causa de seu envolvimento com ele. A ideia de que a vida com John pudesse significar algum perigo só acrescentava picância ao prato de sua felicidade.

***

Neste ponto crítico, Rose Marie de repente se tornou uma ativista na longa luta pela vida da Barbara. Isso começou na conferência na Suíça. Até esse ponto, eu falei relativamente pouco a respeito do papel de Rose Marie em buscar Barbara. Há uma boa razão para isso. Até Deus encontrar Rose Marie na Suíça, ela ainda estava no estado "dormente". Atingida duramente pela partida de Barbara, Rose Marie tinha suas próprias lutas, agravadas por fraquezas físicas que começaram com uma cirurgia importante em 1972. Assim, pelos primeiros três anos, ela deixou a procura de Barbara em grande parte para mim.

Para entender a mudança na vida de Rose Marie, você precisa ter alguma ideia do que aconteceu na conferência que fora organizada por Harold Morris, um líder na Presbyterian Evangelistic Fellowship, e que tinha como foco o tema "Filiação e Liberdade em Cristo". Eu fiz uma série de palestras sobre esse tópico, com base nos livros de Êxodo e Gálatas. James Smith, um conselheiro para famílias que na época trabalhava com a PEF, explorou as implicações deste material para a vida familiar. Ele foi especialmente eficiente ao explicar como o "revestir-se" de um estilo de vida de perdão e bênção pode transformar os relacionamentos familiares.

Mas Harold, nosso diretor da conferência que trabalhava duro, pegou uma gripe e ficou acamado, o que fez com que, subitamente, eu me tornasse o diretor da conferência. Quando vários outros participantes ficaram gripados, eu tentei ser médico também. A cada manhã e noite, eu falava sobre a filiação do cristão na linda sala onde acontecia a conferência. Do meu lado direito, os majestosos Alpes podiam ser vistos através de uma janela longa e alta que tomava quase todo o comprimento da sala. Esse testemunho natural da grandeza de Deus fortaleceu minha fé e me encorajou a continuar com a série de mensagens sobre o poder da fé em trazer, aos filhos adotivos de Deus, alívio da culpa e alegria completa por meio da comunhão com o Pai.

Rose Marie, que tem um coração honesto, disse: "A sua mensagem não significa nada para mim. Eu não me sinto perdoada e não me sinto como 'uma filha de Deus'. Diga-me o que fazer. Dê-me alguns métodos". James Smith e eu demos a ela alguns poucos "métodos", mas eles não pareciam ajudar muito. Então, desistimos, frustrados.

Mas na quinta-feira daquela semana, ela teve uma reviravolta, uma daquelas mortes felizes sobre as quais eu mencionei, do tipo que mata algo tão profundo dentro de nós que leva a uma inesperada ressurreição.

Rose Marie havia ido esquiar, enquanto eu passei a tarde andando, meditando e orando na vila. Tendo acabado de chegar da igreja na colina, indaguei onde ela estaria. Um pouco antes do fim da tarde, eu a vi, uma figura solitária, caminhando com dificuldade na estrada coberta por neve. Rapidamente, fui me encontrar com ela.

— Foi bom esquiar? — perguntei. Ela se movimentou com dificuldade, quase como se não tivesse joelhos.

Ela respondeu com um olhar engraçado:

— Horrível, totalmente horrível. Nem consigo acreditar!

— Onde você foi?

— Lá em cima — disse ela, apontando na direção geral dos Alpes.

Eu olhei.

— Não — disse ela. — Não lá em cima. Do outro lado.

Fiquei boquiaberto:

— Você quer dizer que foi àquela montanha para esquiar? Para mim, parecia que ela havia estado no topo do mundo. — Pobre de mim — gemi — eu não iria tão alto nem de teleférico, quanto mais esquiar lá.

No hotel, preparei uma banheira quente para ela e a ajudei a entrar. Seu relato era interrompido pelos gemidos. Ela havia subido de teleférico ao nível mais alto e, de lá, foi mais alto ainda em outro ascensor. Do topo, ela olhou sobre os desníveis íngremes e viu que a neve se tornara como vidro congelado. Entretanto, em vez de retornar, ela zarpou ladeira abaixo até cair e perder um esqui. E então ela pegou o outro esqui para descer a montanha à procura do esqui fujão. Seus pés quebravam a crosta congelada. Ela caía e se levantava, apenas para cair novamente. Depois de um longo tempo ela finalmente conseguiu pegar o teleférico. Ela estava "um caco".

Naquele domingo, falei novamente sobre as alegrias da filiação. Durante a Ceia, um pão francês grande foi partido. Ele tinha uma crosta sólida e fez um *crack* que podia ser ouvido claramente. De alguma maneira, por intermédio daquele barulho, aquele *crack*, Deus falou com Rose Marie.

Mais tarde, ela explicou: "Antes daquilo eu nunca havia me visto como uma verdadeira pecadora. Sou descendente de várias gerações de ministros luteranos, e toda aquela bondade religiosa me deixou sem noção de pecado. Mas quando aquele pão fez o som de ser quebrado, de repente eu percebi que o corpo de Cristo foi quebrado por meus pecados e que meu maior pecado era minha justiça própria. Minha descida caótica de esqui era uma figura da minha vida, uma vida repleta de presunção da minha justiça e não de fé. Eu era tão arrogante que até culpava Deus por me deixar cair na montanha. Agora eu começo a ver que a culpa foi minha. Eu poderia ter impedido tudo aquilo simplesmente voltando pelo mesmo caminho por onde havia subido. Agora eu sei que meu pecado era minha atitude independente, minha autojustiça.

"Quando Jack pregou sobre a 'Graça Maravilhosa' naquela manhã de domingo, eu vi Cristo partido por mim. Pela primeira vez em minha vida, eu tive convicção de pecado. Agora eu via meu pecado como algo contra Deus. Eu via o verdadeiro mal em minha vontade própria. Mas, antes daquele culto de Ceia, eu me via basicamente como uma pessoa boa com alguns poucos defeitos. Eu havia sentido culpa antes — muita e o tempo todo — mas era uma culpa mais por eu ter falhado do que por ter pecado contra Deus. Eu estava totalmente humilhada, agora que meus pecados haviam sido todos perdoados porque Cristo morrera por mim. Ele me amava — eu, a desamorosa. Eu desejava conhecer mais sobre ele do fundo do meu coração".

Quando voltamos para a Filadélfia, a vida de Rose Marie começou a manifestar uma liberdade e alegria que nunca haviam existido. Cerca de dois anos antes, para ajudá-la a entender a justificação pela fé e a filiação, eu havia feito uma cópia da introdução que Martinho Lutero escreveu em seu comentário de Gálatas. Intelectualmente, ela sabia tudo sobre a Reforma ensinar que o perdão gratuito e a aceitação são dados ao pecador por meio de creditar a justiça de Cristo à conta do pecador somente pela fé. Mas isso nunca havia tocado sua vida interior. "Antes da Suíça", disse ela, "eu não conseguia entender o que Lutero queria dizer com 'justiça passiva' porque eu estava repleta da minha 'justiça ativa'. Eu era uma órfã com justiça própria, não uma filha do Pai. Mas, uma vez tendo confiado deliberadamente na justiça de Cristo, você não pode imaginar quão diferente minha visão sobre Deus se tornou. Ela mudou especialmente toda a minha perspectiva sobre a oração. Agora eu tinha confiança certa de que meu Pai realmente ouvia meus clamores. Confiança é a palavra — orando com a simplicidade de uma criança e, ainda assim, com a autoridade de um filho".

Alguns amigos perguntaram a Rose Marie: "Você foi convertida na Suíça? Então você não era cristã antes?"

Normalmente ela responde: "Eu não sei, e não me preocupo com isso. Eu simplesmente estou alegre por não ter morrido em meu estado anterior, com todo o meu legalismo. Meu palpite é que eu era cristã, mas fui tão ignorante sobre a graça de Deus que eu funcionava em minha vida íntima quase que totalmente como uma não cristã. Quem saberá?".

O fruto imediato da renovação de Rose Marie foi que nós dois experimentamos uma nova autoridade em oração. Durante todo o ano de 1976, Barbara ficou hesitante à beira de um penhasco, mas foi mantida sem cair somente pela oração. Em vez de desistir, continuei recrutando pessoas para orarem por ela. Por estar associado à PEF como evangelista, eu era grandemente encorajado em minha fé ao saber que muitos irmãos estavam intercedendo por ela. Eu também me tornei mais familiarizado com Donald B. McNair, um líder de missões da antiga Reformed Presbyterian Church, Evangelical Synod, por meio de seus ensinamentos em minhas aulas no Westminster Theological Seminary. Ele e eu nos comprometemos a orar um pelos filhos do outro. Saber que ele estava orando significava muito para mim.

Na Filadélfia, Rose Marie passou a liderar com ousadia as orações por Barbara. Ela pedia, em oração, uma passagem de Oséias, que diz: "Portanto, eis que cercarei o seu caminho com espinhos; e levantarei um muro contra ela, para que ela não ache as suas veredas. Ela irá em seguimento de seus amantes, porém não os alcançará; buscá-los-á, sem, contudo, os achar; então, dirá: Irei e tornarei para o meu primeiro marido, porque melhor me ia então do que agora" (Os 2.6-7).

Quando Barbara ficou doente repetidamente durante o restante de 1976, ela eventualmente veio a nós e pediu orações por cura. Eu não posso exagerar sobre quão grande era essa mudança para Barbara — humilhar-se desta maneira diante de nós, seus pais. As coisas também começaram a ficar azedas no seu relacionamento com John. Ele se tornou quase insanamente ciumento e, ao final do ano, Barbara estava pronta para admitir que o relacionamento deles era um desastre.

Oração é tudo na vida cristã. Quando ela é oferecida com autoridade confiante de filho em seu Pai, grandes avanços acontecem. Então, nossas orações estavam sendo ouvidas de forma extraordinária por um Pai celestial amoroso. Porque Deus estava respondendo às nossas orações, Barbara também estava aprendendo sobre vida e Deus. Ela estava começando a sentir o que Francis Thompson confessa em seu poema "O cão de caça do céu" quando Cristo diz: "Todas as coisas traem a ti, que traíste a mim".

BARBARA

À medida que me sentia mais confortável com minha família, também me sentia cada vez menos confortável com John. As coisas não estavam indo bem. O mundo do tráfico de drogas, que parecia tão emocionante a princípio, provava ser bem monótono. Por causa da necessidade de sigilo quanto ao "trabalho" de John, tínhamos poucos amigos, e os amigos que tínhamos eram, em sua maioria, traficantes também, que eram paranoicos demais até para ter uma conversa normal comigo. Como filha de pastor, eu sabia como conhecer melhor as pessoas fazendo perguntas. Mas os amigos de John pensavam que eu estava me intrometendo e duvidavam se eu não era uma agente disfarçada da delegacia de narcóticos. E eu queria apenas fazer amizade!

Ao conhecê-los melhor, descobri que não eram mesmo pessoas que eu teria escolhido para ser meus amigos. Como resultado de sua paranoia, eles se cercavam de cachorros, armas e advogados fiéis. Suas conversas, influenciadas por drogas e álcool, eram, na melhor das hipóteses, desinteressantes e giravam em torno de si e do preço da maconha. Eu não tinha interesse. Muitas noites eu me sentava no canto e lia romances de espionagem ou góticos enquanto todos os demais ficavam drogados e tinham conversas incoerentes.

Meu relacionamento com John também não era tão divertido quanto quando nos conhecemos. Ele era charmoso e sofisticado, mas, debaixo de tudo aquilo, era inseguro. Por exemplo, ele começou a sentir que, talvez, eu estivesse mais comprometida com as coisas que ele podia me dar do que com ele pessoalmente. Isso levou a longas brigas intensas que, alimentadas pela cocaína, duravam a noite toda. Seu medo de que eu o deixasse o levou a ficar paranoico todas as vezes que eu saia de casa. Em algumas ocasiões, ele até me seguiu para ter certeza de que eu não estava me encontrando com outro homem. Eu lidei com isso ficando em casa simplesmente para evitar conflito. Ele saía de casa por vários dias e eu não fazia nada a não ser cuidar dos cachorros. Por muitas horas, os leões-da-rodésia eram minha única companhia e o telefone, minha única ligação com o mundo exterior. Meu sonho de vida havia se tornado um pesadelo.

Eu pensei em ir embora, mas minhas próprias inseguranças me acorrentavam a John. Minhas preocupações superficiais eram materiais. Eu não podia encarar a ideia de trabalhar novamente como secretária e ter de economizar cada dólar. Porém, por trás disso, havia meus velhos temores e inseguranças. Mas agora esses problemas estavam ampliados por causa do tempo vivido com John. Nosso estilo de vida isolado e paranoico havia me incentivado a valorizar cada vez menos as minhas próprias habilidades. Eu acreditava que não conseguiria mais enfrentar a vida por mim mesma. Eu tinha tanto medo de me encontrar com novas pessoas ou de estar em qualquer situação nova que temia até mesmo ir a novos restaurantes. Eu tinha medo de tudo e de todos, e estava beirando um colapso nervoso. Eu queria deixar John, mas estava paralisada pelo medo.

Meu único porto seguro era a minha família. Embora John nunca se sentisse completamente à vontade com eles, eu me sentia. Eles vinham me visitar e suas ligações telefônicas me proporcionavam um companheirismo do qual eu muito necessitava. Comecei a compartilhar com eles meus problemas, e eles ouviam sem ficar dando sermão. Em comparação à minha, suas vidas pareciam sensatas — e felizes.

DISCUSSÃO PARA O CAPÍTULO 7

1. Neste capítulo, Jack diz que esperava que a reconciliação entre ele e Barbara ocasionasse algumas mudanças imediatas no estilo de vida dela.
   a. Que tentações Jack enfrentou quando isso não aconteceu?
   b. Por que Jack e Rose Marie não culparam John pelos problemas de sua filha?
   c. Existe uma situação em que esses princípios possam ser aplicados em sua vida? Explique.

2. Jack diz que Rose Marie, até esse ponto, não havia sido uma "ativista" nas lutas deles com Barbara.
   a. Depois de ler a história de Rose Marie sobre sua experiência na Suíça, você pode fazer uma lista de algumas razões pelas quais ela pode ter estado "dormente"?
   b. Por que a compreensão de que ela era uma pecadora a teria auxiliado em seu relacionamento com sua filha?
   c. Você já teve uma experiência como a de Rose Marie? Essa experiência mudou sua maneira de pensar sobre uma pessoa difícil de ser amada?

3. Rose Marie também conseguiu orar por Barbara de uma nova maneira. Por que reaprender que ser uma pecadora salva pela graça afetaria a vida de oração de Rose Marie?

8
APRENDENDO A ORAR COM AUTORIDADE

JACK

Antes da viagem à Suíça, Rose Marie e eu orávamos desta forma: "Senhor, salve a Barbara" ou "Pai, torne-a cristã" ou "Deus, proteja-a do mal e traga-a de volta para nós". Apesar de qualquer oração provavelmente ser melhor do que nenhuma, pais que estão exaustos pela batalha podem se esquecer de que a oração eficaz requer a melhor intenção que pudermos trazer para ela. Sem que as questões sejam examinadas com sabedoria fundamentada nas Escrituras, provavelmente oraremos meias-orações tímidas e vagas. Embora essas orações deficientes sejam oferecidas repetidamente, nada parece acontecer, talvez porque não se espera que algo aconteça.

Mas depois do encontro de Deus com Rose Marie na Suíça, nossa fé foi impulsionada pelo saborear das riquezas da paternidade de Deus na própria vida de Rose Marie, a qual começou a orar por Barbara com confiança renovada e com nova autoridade vinda de sua posição em Cristo e de possuir o Espírito do Pai. A partir de sua meditação em Romanos e Gálatas, suas orações passaram a ter um forte tom de ousadia filial, um desafio humilde, mas quase profético[1], para que Deus cumprisse sua palavra. Ela estava argumentando com Deus como filha do Pai, apelando para que ele mantivesse sua promessa pactual de salvar as famílias dos crentes[2] (Gn 17.7; Sl 78.1-8; At 2.38-39; 16.31).

Em tudo isso houve uma surpresa. Essa nova autoridade nas orações por Barbara também começou a expor uma fraqueza em toda a nossa abordagem a essa intercessão. Enquanto fundamentávamos mais as nossas orações nas promessas do Pai, descobrimos algo na imagem mental que tínhamos de Barbara que fazia parte da nossa mentalidade por tanto tempo que mal percebíamos.

O que vem à mente de pais assolados quando chega o momento de orar? Frequentemente, um senso de derrota se apodera de seu espírito, uma nuvem que pode descer até mesmo quando os pais já perdoaram o jovem e possuem amor verdadeiro em seus corações. O problema é que os pais frequentemente já fixaram uma imagem negativa do filho, em que ele é visto como imutável, uma imagem que pode ser poderosamente reforçada pela lembrança das muitas falhas desse jovem: atos rebeldes repetidos, palavras rebeldes e aparência rebelde.

O maligno sabe como usar essa imagem para abalar a oração efetiva. Ele sugere ao pai ingênuo que essa imagem de resistência fria é a visão *final* do filho. "Esse filho ingrato não pode ser mudado", diz

---

1 N.E.: O termo "profético" aqui não se refere a supostas revelações contemporâneas sobre prosperidade e bênçãos pessoais. Em vez disso, expressa o ato bíblico de relembrar a Deus suas próprias promessas pactualmente reveladas, clamando em oração pela sua fiel realização.
2 N.E.: A posição do autor — de que Deus prometeu salvar a família dos crentes — reflete uma interpretação específica da Confissão de Fé de Westminster que não é compartilhada por grande parte dos teólogos pactuais. O Ministério Fiel, subscrevendo à Confissão de Fé Batista de Londres de 1689, mantém posição distinta. A Escritura não promete a salvação de cônjuges (1Co 7.16), mas nos encoraja a orar ao Deus que ama o pródigo (Lc 15).

o Mestre das Trevas. Dando ouvidos a essa voz sem discernimento, os pais que oram naturalmente permitem que a mente se torne fixada na teimosia do filho. Quem pode orar efetivamente quando a razão é ofuscada por essa imagem de resistência implacável?

Para vencer isso, simplesmente volte sua mente para as promessas da graça divina encontradas nas Escrituras. Como pai, foque a sua fé na meditação de uma maravilhosa passagem bíblica, como a de Lucas 15, na qual você vê as grandes imagens da fé. Você descobre a graça do Pai em ação. Coisas perdidas não permanecem perdidas; elas são encontradas. Os mortos passam a viver. A ovelha perdida é encontrada pelo pastor, a moeda perdida, pela dona de casa e o filho perdido é aceito no lar, com uma acolhida quase escandalosa, por um pai amoroso. Quando você pensa sobre essas coisas, conclui que o Pai ama até mesmo você, o pai, como um filho perdido que foi encontrado. Ele não amará o seu filho da mesma maneira?

Em Lucas 15.11-32, você encontra uma janela se abrindo para o próprio céu na parábola do Filho Pródigo. Você vê um filho anteriormente rebelde indo para casa, atraído pelo amor irresistível do pai. Enquanto me esforço para ver através dessa janela, enxergo um pai dominado pelo amor, impelido por compaixão pelo perdido e saindo ao portão tão rapidamente quanto suas pernas o permitem. É claro que é um cenário terreno, mas também é uma revelação do poder e do amor de Deus procurando e transformando o mais relutante dos seres humanos em filhos do Pai.

O pai e a mãe cristãos devem ler essa parábola e crer que ela descreve o futuro do filho desviado. Eles devem ver que o Deus da Bíblia tem o coração e as habilidades para mudar um rebelde morto, perdido, louco em um ser humano vivo e são. Essa é a imagem que Deus deseja que domine nossas mentes enquanto oramos. Nós precisamos saber que esse grande coração está repleto de amor ativo, atraindo para si os Agostinhos, John Bunyans, John Newtons e as Barbaras. Quão lindos eles se tornam! Quão reluzentes eles brilham com seu amor quando Deus os traz para si mesmo!

Lembre-se de que Deus tem também o poder para transformar seus filhos à nova imagem do Filho Vivo de Deus. Quando essa visão preenche a mente, todos se tornam capazes de orar efetivamente pelo mais obstinado rebelde.

Tendo aprendido a orar com mais autoridade, nós também começamos a orar de forma mais específica por Barbara. De comum acordo e firmes em nossa resolução, Rose Marie e eu pedimos a Deus que expusesse Barbara aos espinhos da vida e usasse seus pontos pontiagudos para tirá-la de seu ninho maligno nos Poconos. Finalmente nós tivemos coragem e pedimos a Deus que tornasse a vida com John tão insuportável que ela desejasse deixá-lo. Deus ouviu aquela oração no início de 1977, como observei anteriormente. Por muitos meses Barbara havia experimentado tantas inquietudes, tantas doenças, tantas contendas na convivência com John, que ela finalmente decidiu desistir de tudo.

"De repente, eu saí", disse ela mais tarde. "Aquela vida era terrível da cabeça aos pés. Ele estava misturando todos os tipos de drogas, e o estilo de vida e a cocaína o tornavam paranoico. Ele realmente estava tentando me afastar da minha família. Eu devo ter sido louca por ter aguentado isso por tanto tempo."

O que foi igualmente importante foi que Barbara estava, na verdade, recebendo uma overdose de sua mania de grandeza. Finalmente ela percebeu que a felicidade não consistia em gastar alguns milhares de dólares em roupas e passear em um Jaguar verde. Algumas vezes, nós, americanos, temos dificuldades em passar da fase da adolescência; a de Barbara estava sendo espremida dela até a última gota. A dor deve ter sido terrível, mas os resultados foram libertadores.

Encorajados por esses desdobramentos, nós oramos com mais eficácia ainda por nossa filha. Por volta dessa época, nós encontramos um folheto publicado pelo *Back to the Bible Broadcast*, intitulado "Como aprendi a orar pelos perdidos". É uma conversa curta sobre a importância de aprender a orar com autoridade por membros da família que estão perdidos. Ele focava especialmente a importância de orar pela vida mental da pessoa não convertida. Ele enfatizava que a influência demoníaca cega o coração dos não cristãos. Uma passagem chave do folheto afirmava:

> Orar no nome do Senhor Jesus é pedir, ou pleitear, as coisas que o sangue de Cristo assegurou. Portanto, cada indivíduo pelo qual a oração é feita deve ser rogado nominalmente, como possessão comprada por Deus, no nome do Senhor Jesus Cristo e com base em seu sangue derramado.
>
> Nós devemos pleitear a destruição de todas as obras de Satanás, tais como falsa doutrina, incredulidade, ensino ateísta e ódio, que o Inimigo possa ter construído em seu pensamento. Nós devemos orar para que seus próprios pensamentos sejam levados cativos a Cristo.

Rose Marie e eu achamos esse breve estudo estimulante para a nossa fé. Porém, não tínhamos muita certeza do que fazer a esse respeito. Primeiro, lemos o panfleto em uma conferência em Houston, Texas. Em seguida, entre uma palestra e outra, Rose Marie e eu fomos caminhar em uma das ruas da cidade. Nós nos perguntamos: "Quais são, exatamente, as áreas cruciais de cegueira da Barb? Quais são os laços principais que a estão mantendo prisioneira?".

FILHOS DESVIADOS

Nós chegamos a quatro áreas de pecado em sua jovem vida: (1) Engano e mentira, (2) desonestidade como modo de vida, (3) sensualidade e (4) dar desculpas. Barbara estava presa de modo tão profundo a essas coisas que dificilmente parecia ciente de que elas existiam.

Enquanto andávamos naquela rua de Houston, fiz quatro simples orações, oferecidas discretamente e sem muita emoção. A primeira foi: "Pai santo, na autoridade do nome de Jesus, nós te pedimos que repreendas qualquer poder ou poderes demoníacos que estejam cegando Barbara, mantendo-a cativa em engano e mentira. Nós pedimos que abras sua mente para ver que enganar e mentir é errado. Nós lhe rogamos que a traga ao arrependimento desses pecados e que ela seja purificada ao confiar no evangelho de Cristo. Agora, nós lhe agradecemos por ouvir essa oração. Amém".

Nós estávamos pedindo a Deus que despertasse a consciência de Barbara de tal forma que ela começasse a ver males específicos pelo que eles eram, a odiá-los e a voltar-se para Cristo em busca de se libertar da culpa e do poder que eles exerciam.

Fizemos o mesmo para as outras três áreas de cegueira. A oração inteira não durou mais do que dez ou quinze minutos. Não contamos a ninguém sobre isso, especialmente não a Barbara. Nós não corremos para casa e perguntamos a Barbara se ela estava mudada. Na verdade, após orar deste modo específico e com autoridade, acabamos nos esquecendo disso.

Eu não apresento esse tipo de oração como um dispositivo religioso, um pé de coelho espiritual ou uma fórmula mecânica para um grupo especial de crentes. Pensar que estamos fazendo algo assim seria um erro horrível. O importante é que a nossa oração ocorreu dentro da moldura de um amor agressivo demonstrado não com nossas próprias forças ou sabedoria, mas com confiança nas promessas de Deus. Esse tipo de oração com autoridade foi o clímax de um longo programa que Deus usou para nos humilhar, libertando-nos de muitos dos nossos próprios laços e temores, e revelando-nos a maravilha da doutrina reformada da justificação pela fé somente e os direitos dos filhos de Deus.

***

Na primavera de 1977, depois de romper com John, Barbara veio para casa. Durante aquele tempo, ela aprofundou sua amizade com o restante de nós e voltou à faculdade. Quando ela me contava sobre suas matérias na Temple, as ideias dos seus professores e seus trabalhos, consegui compartilhar meu próprio conhecimento. Embora ciência política não seja meu campo, eu havia lido vastamente sobre o assunto e consegui ser amigo e conversar com ela.

Um dia, no final da primavera, início do verão, Rose Marie encontrou Barbara sentada em uma mesa de piquenique na nossa varanda no fundo da casa. Ela se sentou ao lado de Barbara e, uma vez que o momento parecia natural, contou a ela a história do que havia acontecido na Suíça. Ela explicou a Barbara que antes de ir para a Suíça, ela havia agido como uma órfã, não uma filha de Deus. Ela explicou a maravilhosa diferença que acontece na vida de uma pessoa quando ela enxerga Deus como um Pai que a ama incondicionalmente.

"Barbara não estava ouvindo nada daquilo", Rose Marie me contou mais tarde. "Ela não respondeu, mas parecia reservada e fria ao que eu disse."

Estar com Barbara naquela época era como ter um peixe com espinhos como prato principal em uma refeição. Você gosta do sabor, mas está cauteloso sobre o que pode acontecer com a próxima garfada. Não demorou muito até eu encontrar dois grandes espinhos na minha garganta.

FILHOS DESVIADOS

O primeiro foi nossa descoberta no final daquele verão de que Barbara estava voltando aos seus antigos caminhos. Nós encontramos um bilhete sobre a mesa de jantar que dizia:

Queridos mamãe e papai,
Eu saí para passar uns dias com alguém. Não me sinto bem. Por favor, orem por mim. É difícil para mim pedir isso, mas nunca me senti tão confusa.
Amo vocês, Barbara

Por uma ou duas horas, Rose Marie e eu ficamos muito perturbados. Para nós, "alguém" significava que ela estava dormindo com um homem. Mas logo nos acalmamos. Sentimos que teríamos de tomar uma atitude contra o que Barbara estava fazendo, mas sabíamos que seria tolo dar tanta atenção a isso. Nossa primeira prioridade era amá-la e deixar o resto com Cristo. Nós estávamos aprendendo a não confundir nossa tarefa com a dele. Uma vez que não podíamos mudá-la, isso era trabalho apenas para Cristo.

Quando questionamos Barbara, ela não negou que estava voltando aos seus velhos caminhos. Depois de alguma discussão acalorada com ela, Rose Marie e eu decidimos que precisávamos pedir a ela para escolher: se submeter aos padrões da nossa casa ou sair. Aquilo não foi fácil, e odiamos fazê-lo. Não estávamos exigindo perfeição, e podíamos entender que ela seria naturalmente tentada a escorregar de volta ao seu antigo estilo de vida, mas ela parecia estar dizendo mais do que isso. Ela parecia insistir em seu direito ao antigo modo de vida, que era algo com o qual não podíamos conviver. Era contrário aos nossos padrões cristãos e algo que não permitiríamos que qualquer pessoa que morasse conosco fizesse.

Barbara fez sua escolha. Ela arrumou um apartamento a cerca de três quilômetros da nossa casa. Desta vez, entretanto, nossa amizade continuou sem um rompimento significativo. Mais uma vez, a família se envolveu e arrumou o apartamento dela, limpando, esfregando, pintando e providenciando móveis. Nós temos ótimos filhos, e eles têm demonstrado amor incondicional e fiel uns para com os outros. E o mais importante era que Cristo continuava amando Barbara fortemente.

Mas, o segundo espinho na minha garganta veio logo em seguida. Um dia, eu estava em frente à nossa casa, quando Barbara chegou em seu carro. Ela estava acompanhada por um jovem rapaz. "Pai", disse ela, "quero que conheça um amigo meu, Angelo Juliani".

Acho que não consegui disfarçar minha decepção. Mais tarde Angelo me disse: "Seu semblante realmente caiu quando você me viu pela primeira vez. Nós podíamos ver a palavra preocupação escrita na sua testa".

Jill, cunhada de Barbara, também estava igualmente preocupada. Ela disse a Barb: "Se fosse para eu avaliar Angelo entre os homens na sua vida em uma escala de um a dez, ele definitivamente receberia um 'três'". Jill é uma astuta avaliadora de pessoas, e se Angelo podia receber apenas um "três" numa escala que incluía pessoas como John, isso não prenunciava coisas boas para o futuro de Barbara.

O que nós começamos a temer logo aconteceu. No início de novembro, Rose Marie me informou: "Jack, se prepare. Tem roupas de homem penduradas no apartamento de Barb".

Felizmente eu estava preparado — preparado pela graça. Novamente eu havia entregado Barbara a Cristo e, embora apreensivo, não estava preocupado. Nós havíamos feito tudo que podíamos e agora era a vez de Cristo guiar Barbara para si mesmo. Eu não esperava que Barbara terminasse no abismo novamente, mas se ela fosse, Cristo era o único que podia resgatá-la. E eu estava convencido de que ele o faria.

BARBARA

"Eu estou te deixando, John", eu disse enquanto colocava minhas roupas e pertences em duas malas grandes. A princípio, ele não acreditou, mas quando peguei o telefone e pedi que meus pais viessem me pegar, ele entendeu que eu finalmente falava sério.

"Podemos resolver nossos problemas", argumentou ele. Mas eu continuei fazendo as malas sem sequer responder. Os arredores ainda eram bonitos. A primavera havia acabado de chegar, e tudo estava novo e verde. Lá fora estavam nossos carros e os enormes cães de caça; dentro eu tinha plantas, móveis atraentes e um lindo guarda-roupas que ocupava um cômodo inteiro. Ainda assim, eu estava indo embora. John se perguntava por que, e eu também. Onde eu, de repente, consegui a força para abandonar tudo isso? Eu não sabia, mas estava feliz por finalmente ter reunido coragem para sair da minha casa na montanha e voltar à vida.

Meus pais chegaram e eu saí com eles, triste e amedrontada, mas também aliviada. Perguntei a eles se eu poderia ter meu antigo quarto de volta. Eles concordaram e eu me mudei para o quarto do canto no terceiro andar. A única diferença era que alguém havia pendurado uma flâmula na porta na qual estava escrito: "Até quando, Senhor?". Eu a ignorei e desfiz as malas.

Imediatamente comecei a reorganizar minha vida. Voltei à faculdade para estudar Ciência Política e me preparar para fazer Direito. Para me sustentar, trabalhava como garçonete à noite e nos finais de semana. Meus pais estavam convencidos de que toda essa atividade indicava que eu havia mudado e logo me tornaria cristã. Na verdade, eu havia apenas trocado minha crença na felicidade advinda da autoindulgência por uma nova teoria. Visto que o hedonismo não havia funcionado, eu raciocinava que o serviço ao próximo devia ser o caminho para a realização na vida. Eu sabia que meus pais eram felizes e eu cria que a razão era que eles faziam coisas para os outros. Mesmo não querendo aceitar a religião deles, eu pretendia aceitar a forte tradição da nossa família de serviço a outros e do sucesso por meio do trabalho duro.

Se meus pais tivessem conhecido meu raciocínio, não teriam ficado tão chocados quando comecei a passar a noite toda com uma nova sucessão de namorados. A princípio, eu só fazia isso quando eles não estavam em casa, mas desde que eles descobriram, comecei a agir da mesma forma até quando eles estavam em casa. Meu pai e eu tivemos um confronto desagradável sobre isso. Ele me disse que pensava que eu estava errada (o que não foi surpresa), mas ele disse duas outras coisas que me deixaram muito irada. Primeiro, disse que pensava que se eu continuasse com esse estilo de vida, eu terminaria louca, como um parente nosso que foi diagnosticado com esquizofrenia paranoica. Em segundo lugar, ele disse que estava considerando deixar o pastorado por causa do meu comportamento.

Eu pensei que esses comentários tinham a intenção de me manipular a viver a vida que ele queria para mim. Senti-me machucada por meu próprio pai sugerir que eu pudesse perder a cabeça. Mesmo se fosse verdade, pensei, a própria sugestão não exerceria algum poder? Por muitos dias depois eu lutei contra temores de que estava ficando louca e tive pesadelos que me deixaram horrorizada.

Também senti que, ao dizer que poderia deixar o ministério por minha causa, isso era outro tipo de chantagem. Por que agora, eu pensava, em vez de quando eu estava vivendo com Tom ou John? Eu disse ao meu pai que ficaria feliz em sair de casa por causa das nossas diferenças, mas que não mudaria meu comportamento simplesmente porque ele cria que era errado. Eu também disse que eu não sentia que cabia a ele me dar conselhos não solicitados sobre a minha vida pessoal. "Eu preciso aprender cometendo meus próprios erros", argumentei. Mais uma vez, eu deixava bem claro aos meus pais que suas opiniões não eram algo que eu queria ouvir.

Eu me mudei, fingindo para mim mesma e para eles que eu não queria nada com a moralidade antiquada deles. Mas, ao mesmo tempo, passar de homem para homem estava começando a me perturbar. Eu via quão pouco zelo havia nesses relacionamentos, e comecei a me distanciar de todos eles.

E então eu encontrei um homem de quem eu realmente gostava — Angelo Juliani. Exteriormente, Angelo não parecia melhor do que qualquer outro homem que eu havia namorado. Ele trabalhava no bar do restaurante onde eu era funcionária e não se eximia de roubar da caixa registradora ou de distribuir algumas drogas para fazer dinheiro extra. Ele se vestia com roupas chamativas, sapatos de plataforma e penteava seu cabelo cacheado em estilo afro.

Nunca me esquecerei da fisionomia do meu pai quando viu Angelo pela primeira vez. Papai demonstrou surpresa e decepção, fazendo uma expressão digna de cinema. Ele não disse nada, mas sua face comunicava mil palavras. Meus amigos não eram tão silenciosos quanto meu pai, e todos eles me disseram que pensavam que eu estava cometendo um grande erro. Mas Angelo e eu estávamos nos divertindo muito juntos. Seu mundo era tão estranho para mim quanto o meu para ele, mas ele foi o primeiro homem com quem me relacionei que não estava intimidado com novas experiências. Angelo era extremamente autoconfiante. Ele não tinha medo ou se sentia desconfortável, nem perto do meu pai! Ele ria e contava piadas para ele da mesma maneira como fazia com seus fregueses quando estava atrás do balcão do bar.

 Nós fazíamos tudo juntos e nos divertíamos tanto que parecia natural que ele se mudasse para morar comigo. Parecia que eu finalmente havia encontrado o caminho certo para a felicidade. Eu trabalhava o tempo todo, tirava notas máximas na faculdade e vivia com um homem que eu amava. Meus pais e todo o modo de vida deles pareciam muito distantes. Eu descobri que havia muitas pessoas que trabalhavam duro, pareciam felizes e bem-sucedidas, mas não eram cristãs. Eu respeitava meus pais, os considerava pessoas boas e tinha prazer de estar perto deles. Mas não tinha desejo de viver como eles viviam.

 Quando minha mãe me contou sobre sua experiência na Suíça, me senti desconfortável e aborrecida. Angelo e eu fomos à igreja uma vez e nenhum de nós ouviu o sermão — apenas saímos o mais rápido possível. Eu estava em uma nova trajetória e não era minha intenção que essa trajetória me levasse a Jesus.

DISCUSSÃO PARA O CAPÍTULO 8

1. Segundo Jack, o que às vezes passa pela mente de pais que oram por seus filhos?
   a. Como Satanás usa essa imagem mental para nos desencorajar quando oramos?
   b. O que precisamos fazer para ver nosso filho desviado da mesma maneira como Deus o vê?
   c. Gaste algum tempo lendo e meditando em Lucas 15. O que Deus tem (e o que não temos) que trará o pródigo de volta ao lar? Como esse conhecimento afeta a sua vida de oração?

2. Como o panfleto que Jack e Rose Marie encontraram influenciou suas orações por Barbara? Há alguém em sua vida por quem você precisa orar dessa maneira? Faça uma lista das áreas de cegueira na vida dessa pessoa. Depois tire um tempo para orar sobre essas coisas.

3. Houve alguma mudança em Barbara logo após seus pais oraram por ela dessa nova forma?
   a. Por que Jack não se preocupou quando Barbara foi morar com outro homem?
   b. Existe alguma pessoa amada em sua vida cujo relacionamento com outra pessoa o enche de temores? Quem pode resgatar você do medo?

9
RIACHO QUE CORRE PARA O OESTE

JACK

Em seu poema "West Running Brook" [Riacho que corre para o oeste], Robert Frost fala sobre um ribeiro no estado de New England que corre para o oeste, ao contrário dos outros cursos d'água, que correm para o leste, desaguando no Oceano Atlântico. Apesar de seguir na direção errada, esse riacho, de alguma forma, contorna os obstáculos e, inesperadamente, consegue fluir para o mar.

Deus frequentemente age de maneira semelhante conosco. Ele nos permite seguir em nossas próprias direções, mas quando chegamos ao final dos nossos ziguezagues, estamos exatamente onde ele quer que estejamos.

— Papai —, disse nossa Barbara ziguezagueante um dia — parece que dá certo pra mim ser uma garçonete. Eu gosto de trabalhar no Block and Candle. Estou servindo às pessoas e gosto disso.

Assentada ao meu lado direito à mesa redonda de carvalho que domina nossa sala de jantar, ela realmente soava satisfeita. A refeição já estava terminando. Do meu lado oposto, Rose Marie conversava com Keren, de 16 anos de idade, cópia loira de sua mãe nórdica.

Ao fundo, talheres e pratos faziam barulho na cozinha enquanto tia Barbara, irmã de Rose Marie, os colocava na lava-louça.

Barbara não soava como a princesa indolente de poucos meses atrás. Mesmo no início de sua juventude, Barbara havia se definido como alguém de poucas ambições e, certamente, sem qualquer desejo de servir a outros! Assim, ficamos abertos para ouvi-la.

— Conte-nos sobre isso — disse eu — nunca pensei que servir às mesas seria algo atrativo para você.

— Estou aprendendo — Barbara resumiu — que servir a outros tem significado para mim. Uma garçonete não tem tempo para pensar sobre seus próprios sentimentos. Você é forçado a servir aos clientes da melhor maneira possível — os bons e os maus — e fazer o seu melhor para sorrir quando eles reclamam ou derrubam seu prato. É algo novo e libertador. Está até ajudando a me concentrar no meu trabalho escolar.

Se o restante de nós tivesse ouvido esse pequeno discurso da Ruth ou do Paul, teríamos assentido e dito a nós mesmos: "Sim, é desta forma mesmo", mas vindo de Barbara — bem, era extraordinário!

Aquilo aconteceu na primavera de 1978, cerca de dois anos depois do encontro de Rose Marie com Deus na Suíça. A mudança era notável. Dois anos antes, em março de 1976, Barbara havia pegado mononucleose e, durante o restante daquele ano, estivera tão doente que havia nos procurado mais de uma vez para pedir orações por cura. Agora ela estava saudável. Seu rosto era só sorrisos. Seu senso de humor havia voltado. Ela estava muito bem vestida, mas sem usar qualquer coisa que parecesse ter custado um mês do meu salário. Ela havia deixado John, tinha seu próprio apartamento, sustentava a si mesma trabalhando no Block and Candle e havia se formado em Ciências Políticas na Universidade Temple.

Apesar das nossas desconfianças sobre Angelo, estávamos encantados. Dentro de dois anos, Barbara havia vencido seu estilo de vida egoísta e agora estava reaprendendo alguns dos hábitos da vida normal. É claro que ela ainda não era cristã, mas havia terminado com John, parcialmente por causa do ciúme extremo dele, mas também porque havia começado a ver que o modo de vida dele era simplesmente errado. O mais importante é que havíamos construído uma nova amizade com ela. Barbara não nos via mais como seus inimigos, o que, creio ter sido um passo fundamental em direção a ela se tornar cristã. Sem ganhar novamente seu amor pela família e reconstruir os laços conosco, teria sido quase impossível que ela recebesse a mensagem de Cristo.

A sensibilidade moral aguçada de Barbara a preparou na importante caminhada para conhecer a Deus, pois como você consegue enxergar sua necessidade de Cristo se não vê qualquer erro em si mesmo? Barbara havia sido enganada a respeito de si mesma até o ponto de culpar os outros por seus problemas. Até o início de 1977, sua consciência estava tão obscurecida que ela poderia mentir sem mudar sua feição ou perceber que havia feito aquilo. Se fosse pega mentindo, ela se defendia farisaicamente ou contava outra mentira para encobrir a primeira.

Então, como Deus realizou essas mudanças cruciais?

Uma ferramenta incomum que nosso Pai usou foi um seminário local de autoajuda. Naquela época, esse programa específico estava em alta entre os amigos de Barbara, e assim ela e Angelo decidiram participar de alguns seminários de final de semana.

O maior problema de Barbara era fazer joguinhos de manipulação. Por meio de nossas orações, ela havia tido algum despertamento de consciência sobre isso, mas ainda usava muito a transferência de culpa. Porém, em resposta às nossas orações, Cristo usou essas técnicas seculares de autoajuda para confrontá-la.

FILHOS DESVIADOS

Eu nunca teria ousado fazer o que os líderes do seminário fizeram, isto é, sugerir a Barbara que cada um é responsável por seus próprios problemas e não tem o direito de culpar qualquer outra pessoa.

Em um dos finais de semana, Barbara estava na frente do auditório fazendo um exercício de relaxamento que, supostamente, acabava com dores de cabeça. A dor dela não parou; a técnica não a ajudou. Mas ela sabia o que era esperado dela e, então, mentiu. Mais tarde, naquele dia, ela entendeu que um dos seus maiores problemas era a mentira. No dia seguinte, ela voltou à reunião e confessou ao grupo que havia mentido. O líder apenas assentiu com a cabeça, mas ela sentiu um peso sair de suas costas. Nossas orações por livramento do engano estavam sendo respondidas.

Eu podia ver mudanças na vida de Angelo também, embora eu não soubesse tudo o que acontecia nos bastidores. Na verdade, eu havia decidido que era melhor não saber. De repente, Angelo começou a mostrar os primeiros sinais de consciência e começou a falar sobre responsabilidade pessoal. Ele prosseguiu nesse processo, participando de aulas na Universidade Temple com vistas a se tornar professor de escola pública.

No início de 1978, Barbara e Angelo estavam fortemente comprometidos um com o outro e começaram a falar sobre casamento. Eu imaginava o que isso significaria para mim. Eles pediriam que eu fizesse o casamento — e o que eu deveria dizer? Mas eles adiaram a decisão naquele momento.

O ano seguinte foi um período de negligência parental benigna de nossa parte. A vida de Barb e Angelo parecia se estabilizar; ambos recebiam notas excelentes na Temple, e uma amizade começou a se formar entre nós e Angelo. Eles vinham para todos os nossos encontros familiares e pareciam apreciar. De fato, frequentemente Angelo era o ponto alto da festa.

Deixe-me explicar isso. Nossos filhos amam contar histórias e piadas, então uma reunião familiar sempre tem certa quantidade de competição para ver quem conta a história mais fascinante ou hilária. Quando eles eram mais jovens e mais cheios de energia, uma pessoa quieta dificilmente roubava a cena. Mas Angelo não tinha qualquer problema com isso. Ele tinha um ótimo senso de humor e sua própria coleção de piadas. Ele parecia cada vez mais à vontade conosco de um modo que Tom e John nunca estiveram.

Era nítido que as orações que havíamos feito primeiramente no Texas estavam tendo um efeito contínuo e poderoso sobre Barbara. Por volta dessa época, quando eu tive influenza, Barbara veio ao meu quarto e se sentou aos pés da cama.

— Meu terapeuta sugeriu que talvez você quisesse ouvir algumas notícias boas — disse ela.

— Por favor — respondi — eu sempre consigo suportar o peso de boas notícias!

— Você sabe quão mentirosa eu sou e como tenho o costume de enganar? — disse ela — Isso é bem antigo.

Eu assenti, ao me lembrar do incidente da escova de dentes.

— Estou prestando atenção — eu disse.

— Alguma coisa está acontecendo comigo — disse ela. — Estou percebendo que não posso mais mentir. Eu odeio enganar as pessoas. E estou começando a ver que isso é parte da razão pela qual meus relacionamentos com os homens são tão ruins. Recentemente, eu fui ao posto da Receita Federal e falei a verdade sobre meus recolhimentos do ano passado. Eu me senti bem. De alguma forma, eu preciso assumir a responsabilidade pelo que faço.

Depois de dizer a ela quão maravilhosa eu considerava essa mudança, pedi gentilmente:

— E agora? Como você explica essas mudanças misteriosas?

Com um sorriso tímido, ela disse:

— Acho que alguém deve estar orando por mim.

— Provavelmente — eu disse.

Esse tipo de união de vidas por intermédio da oração me fez sentir seguro para pedir a Barbara e Angelo que me ajudassem em um projeto. Em 1973, eu havia escrito (com boa parte de ajuda de outros cristãos) um livreto intitulado *A New Life*. Agora, cinco anos mais tarde, eu sentia que essa apresentação do evangelho precisava de revisão. Parecia razoável pedir a alguns não cristãos que me ajudassem a torná-lo mais relevante em sua linguagem e aplicações à vida de hoje.

Assim, perguntei a Barbara e Angelo se eles estavam dispostos a me ajudar. Eu os convidei para almoçar e mostrei a eles cópias do livreto, apontando áreas onde eu precisava de conselho sobre o que as pessoas estavam pensando.

— O que realmente preocupa as pessoas hoje? — perguntei a eles. — Aqui está o que o livreto diz. O que vocês acham?

Depois de poucos minutos, eles me deram a mesma resposta, que realmente me surpreendeu. Era basicamente isto:

— A maioria das pessoas hoje não se sente culpada pelas coisas que incomodavam a sua geração, mas uma coisa nos incomoda. Nós não gostamos de ser egoístas e centrados em nós mesmos. Isso realmente nos incomoda.

A resposta foi útil. Eles até concordaram em estudar mais o livreto e me fornecer outras ideias sobre como torná-lo relevante. Angelo se interessou particularmente por esse projeto, embora eu não esperasse que ele observasse o conteúdo bíblico detalhadamente. Entretanto, ele o fez e, pela primeira vez, começou a entender algo sobre o evangelho e os ensinos bíblicos de pecado e graça.

Enquanto eu observava o entusiasmo deles por esse projeto crescer, me ocorreu que talvez esses riachos eventualmente encontrassem seu caminho para o mar.

BARBARA

Viver com Angelo era um aprendizado — para nós dois. Com minha moralidade recém-encontrada, eu proibi que ele vendesse drogas e que roubasse. Eu havia vivido com medo da lei por tempo suficiente. Angelo, por sua vez, se recusou a fazer parte dos joguinhos que eu fazia nos relacionamentos ("cuide da coitadinha de mim") e me incentivou a conseguir as coisas com meu próprio esforço. Durante esse período, nós começamos psicoterapia juntos. Uma vez que queríamos que nosso relacionamento durasse, trabalhamos duro com nossa terapeuta para aprender como realmente cuidar um do outro. Ela sugeriu que, ao final da nossa terapia, nós participássemos de um seminário local de autoajuda. Ela acreditava que era disso que precisávamos para completar nossa compreensão dos relacionamentos humanos e de nós mesmos.

Toda a minha vida (como minhas irmãs e meu irmão ficavam felizes em me informar) eu havia sido uma mentirosa e manipuladora. No seminário, fiquei frente-a-frente com essas características pela primeira vez. A primeira coisa que aconteceu foi que eu fiquei de pé diante de trezentas pessoas e menti sobre minha dor de cabeça ter desaparecido. Eu havia me voluntariado para fazer parte de um exercício que mostraria como a força de vontade pode controlar os sentimentos físicos. Com a técnica, eu deveria ser capaz de acabar com minha própria dor de cabeça. Sentada em frente àquela sala cheia de pessoas cansadas (tínhamos estado naquela mesma sala o dia todo e já eram 23h), eu fixei os olhos no carpete vermelho e tentei imaginar minha dor de cabeça indo embora. Quanto mais eu tentava, mais minha cabeça doía.

Finalmente, em desespero, eu disse:

— Minha dor de cabeça desapareceu.

Todos bateram palmas aliviados e o líder do seminário disse:

— Vocês podem ver que o rosto dela está diferente.

Eu me sentei em meio à aprovação geral, mas ainda com dor de cabeça. Tentei me esquecer do incidente, mas a dor só piorava. De manhã, senti como se o topo da minha cabeça estivesse saindo. Com a clareza que frequentemente resulta da dor, vi que, por toda a minha vida, mentir havia sido minha reação ao estresse. Eu sabia que precisava admitir para as pessoas do seminário que eu havia mentido, embora confessar minhas mentiras sempre fora impossível para mim. Eu voltei ao seminário sem saber o que fazer.

No banheiro, antes da reunião começar, uma mulher se aproximou de mim e disse:

— A sua dor de cabeça realmente desapareceu na noite passada?

Olhei para ela e disse:

— Não, não desapareceu.

Eu corri da expressão de choque em seu rosto para a sala de reunião e, na primeira oportunidade, me levantei e disse a todos que eu havia mentido. Foi a primeira vez em minha vida que eu havia admitido ter mentido sem ser forçada a fazê-lo.

Minha dor de cabeça desapareceu pouco depois disso.

A confrontação ao meu hábito de transferência de culpa aconteceu de maneira menos dramática. Eu tinha uma longa lista de pessoas em minha vida a quem eu podia culpar por todos os problemas que já tive. Durante o seminário, os líderes defendiam que o que quer que seja que você tenha conseguido na vida, você obteve porque realmente queria aquilo daquela forma. Enquanto eu ouvia, pessoa após pessoa, argumentar com o instrutor, explicando como outras pessoas eram verdadeiramente responsáveis pelas coisas ruins em suas vidas, uma luz acendeu em minha mente. Pela primeira vez eu pensei sobre como havia sido divertido ser a ovelha negra da família. Eu era a quarta filha dos meus pais em quatro anos, mas, com muita maestria, eu havia conseguido que toda a família focasse em mim. Com um sentimento de choque, eu descobri que não eram meus pais, com suas ideias puritanas, que deveriam ser culpados por minha vida infeliz. Era eu mesma.

Por intermédio dos seminários, comecei a assumir a responsabilidade por minha vida e a trabalhar na integridade pessoal. Porém, eu ainda ignorava Deus. Decidi doar parte do meu tempo para trabalhar no escritório dos responsáveis por aquele seminário. Quando vi todas as pessoas que havia admirado à distância se relacionando naquele pequeno escritório, fiquei espantada. Quando as coisas não iam bem (o que acontecia quase diariamente), eles xingavam uns aos outros e se repreendiam com ira. Rapidamente decidi que aquilo não era para mim. Eu havia visto meus pais lidarem com pessoas que os perturbavam e eles se esforçavam para perdoá-los e orar por eles. Nenhuma religião, nenhuma mesmo, parecia melhor do que essa. Eu parei o voluntariado e evitei qualquer outro contato com as pessoas daquele grupo.

Compartilhei essas experiências com meus pais. Eles ficaram encantados por eu não estar mais lançando-os nos papeis de vilões, e toda a minha família apreciou a história sobre minha mentira. Afinal, eles sabiam como eu era desde o incidente da escova de dentes, e estavam muito felizes por eu finalmente ter percebido.

De minha parte, eu estava mais feliz agora, que mentia menos e transferia menos a minha culpa. Eu acrescentei tudo isso à minha equação do que torna a vida feliz. Aparentemente, você não precisa apenas servir a outros e trabalhar duro, mas também precisa agir com integridade nos relacionamentos pessoais. Finalmente eu sentia que estava começando a encontrar o caminho para a felicidade e a paz duradouras.

DISCUSSÃO PARA O CAPÍTULO 9

1. Volte ao capítulo 8 e observe a forma como Jack e Rose Marie oraram por Barbara.
    a. Como aquelas orações foram respondidas no capítulo 9?
    b. Deus usou os meios que Jack e Rose Marie esperavam?
    c. Você se lembra de maneiras inesperadas pelas quais Deus respondeu às suas orações?

2. Apesar de Barbara ainda não ter se tornado cristã, Jack e Rose Marie estão confiantes de que ela seja um "riacho indo para o oeste" que terminará no mar da graça de Deus.
    a. Faça uma linha do tempo espiritual para Barbara até esse ponto de sua vida. Quais foram os acontecimentos espiritualmente significativos para ela?
    b. Esboce uma linha do tempo espiritual para você mesmo. Quais foram os acontecimentos na sua vida que o levaram a entender o amor de Deus por você?
    c. Se houver um "riacho que corre para o oeste" na sua vida, trace uma linha do tempo espiritual para essa pessoa. Que eventos essa linha do tempo pode conter? Você consegue enxergar que essa pessoa está em um curso que o levará a Jesus?
    d. Tire algum tempo para orar a fim de conseguir ter olhos de fé ao olhar para a sua própria vida e para a vida daqueles que você ama.

10
APROFUNDANDO OS LAÇOS DA AMIZADE

JACK

No outono de 1978, Barbara e Angelo eram nossos bons amigos. Barbara se tornara uma excelente garçonete em um restaurante de primeira classe, e seus professores da Temple estavam impressionados com seu trabalho em Ciência Política. Eles já falavam sobre uma pós-graduação. Durante esse tempo, passamos a ter grande respeito por Barbara e lhe expressamos isso.

Angelo também ia bem na Temple. Nós percebemos sua maturidade e ficamos impressionados especialmente com seu relacionamento com seu pai e sua mãe, a quem ele honrava sempre falando bem. Barbara os amava e respeitava também. Barbara e Angelo passavam as tardes de domingo com os pais dele, e Angelo e seu pai jogavam golf uma vez por semana. Obviamente, Angelo era próximo ao seu pai, uma qualidade que admirávamos, e dissemos isso a ele.

A essa altura, alguns pais cristãos podem dizer: "Mas aqui você tem uma jovem, criada em um lar cristão, vivendo com um homem com quem não está casada. Eles não entenderão mal os seus elogios? Eles não pensarão que você aprova o estilo de vida deles?".

O pressuposto é que não cristãos não são muito inteligentes — que eles não podem distinguir entre elogios específicos e aprovação geral a respeito do que fazem. Eu imagino que, quando Jesus comeu com cobradores de impostos e pecadores, ele expressou uma aceitação qualificada deles como pessoas, mas não estava endossando seus padrões pecaminosos de vida — e não existe qualquer indicação de que os cobradores de impostos e os pecadores tenham interpretado as atitudes de Jesus como aprovação.

O mesmo ocorre com Barbara e Angelo. Eles não eram estúpidos. Eles sabiam que desaprovávamos muitas coisas que eles faziam. Teria sido um intervencionismo tolo de nossa parte dizer a eles o que pensávamos sobre eles viverem juntos. Eles já sabiam.

Em vez disso, nós esperamos. Nossa paciência foi recompensada quando eles realmente nos procuraram para discutir sobre seus planos de casamento. Nós ouvimos com simpatia e oramos por eles em particular.

As mudanças em suas vidas eram fascinantes. Ambos estavam se tornando honestos em seus relacionamentos e confiáveis em suas transações financeiras. Eles estavam desenvolvendo consciências mais sensíveis, e a parte intrigante era o modo como eles ajudavam um ao outro a se tornar maduro. Barbara, por exemplo, havia desafiado a relação de Angelo com o tráfico de drogas de forma tão veemente que ele reviu todo aquele negócio horrível e desistiu dele. Angelo, por sua vez, fez o favor a Barbara de se recusar a aceitar as manipulações dela. Antes de participarem dos seminários de autoajuda, ele já havia ajudado Barbara a ver como ela culpava, tão frequentemente, outros por seus problemas. Ele percebeu que ela gostava de se desculpar transferindo a responsabilidade para os pais ou para o homem com o qual estava vivendo.

Mais tarde, quando Barbara descreveu o método de Angelo de lidar com sua transferência de culpa, ela teve de rir:

— Papai, eu amo o Angelo. Ele não aceita meu jogo de manipulação. Quando eu tento culpá-lo por meus problemas, ele só ri. Mas ele nunca me rejeita.

— Barb — disse eu — ele parece ser uma pessoa madura, para conseguir fazer isso.

Angelo estava amadurecendo em outros aspectos também. Certa vez Barb me perguntou:

— O que você acha que Angelo deveria fazer depois de terminar o curso na Temple?

Enquanto Barbara descrevia seus dons e aptidões, uma imagem interessante começou a emergir. Ele era um bom conselheiro, um bom professor, um palestrante capaz e alguém genuinamente interessado em pessoas.

— Parece que ele seria um bom pastor — eu disse.

Nós dois caímos na gargalhada. Conhecendo Angelo, aquilo soava incompatível, mas...

***

Neste ponto, permita-me ressaltar certos aspectos da nossa abordagem com Barbara. A chave para ganhar um filho desviado, ou qualquer pessoa desviada, na verdade, é atingir a consciência. O modo principal de fazer isso é construindo uma amizade fundamentada na verdade e no amor.

Mas, para fazer isso à maneira de Deus, os pais cristãos devem trabalhar constantemente para se livrarem de sentimentos e atitudes negativas em relação ao filho perdido. Você não pode negar o passado, é claro, pois você foi ferido — e ferido muitas vezes. Você precisa aprender a aceitar o passado e não abarrotar esses pensamentos negativos no porão da sua vida, fechar a porta e negá-los.

FILHOS DESVIADOS

Pais desestruturados — aqueles que nunca tiveram os porões de suas vidas cuidadosamente limpos — inevitavelmente interferirão no trabalho de Cristo na vida do filho. Cristo quer alcançar o jovem, encontrar aquele filho perdido, pois ele ama aquele espírito errante. Mas a obra convencedora do Espírito será severamente prejudicada pela rejeição inconsciente dos pais. Os pais podem ter todo tipo de lembranças ruins se deteriorando na mente e, como resultado, acabam por fechar os olhos para a necessidade que o rebelde tem de amor, não importa o que esteja fazendo. Portanto, os pais devem cultivar o próprio relacionamento com seu Pai celestial, porque é apenas com ele que os pais podem aprender a perdoar, abençoar e amar. Assim, aproxime-se do nosso Pai santo, mantenha comunhão com ele e, então, provavelmente você aprenderá como se aproximar do filho voluntarioso e manter comunhão de modo a alcançar o seu coração.

Por fim, permitir que Deus ame você é a única maneira de conseguir demonstrar amor — amor gracioso, amor firme, amor paciente, amor que procura, amor perdoador e amor ativo. Tal amor uma hora triunfa. Certamente alguém dirá: "Nós tentamos tudo isso, mas não funcionou, então desistimos, considerando inútil". Mas há outro tipo de amor que já mencionei. É o *amor persistente*. Quando o seu amor é ignorado ou rejeitado, você continua demonstrando amor. Certamente você não pode perseguir constantemente o seu filho pelas ruas escuras da vida, mas pode esperar por aberturas; e quando você vir uma, desfira os socos de amor. Acredite em mim: no final, alguns deles acertarão o coração.

Por quê? Porque o amor persistente é a arma que Deus usa para derrotar o pecado. O amor persistente é o mesmo tipo de amor que Deus tem por nós em Cristo. Quando ele enviou seu Filho para morrer por nós, nosso pecado não podia ser derrotado por uma dose rígida de lei — somente por um amor persistente que pagou a pena da lei quebrada por meio de um sacrifício na cruz. Uma palavra chave no Novo Testamento para descrever a obra substitutiva de Cristo é "persistência" (Hb 12.2-3; 2Ts 3.5). Ele perseverou até o fim ao guardar a nossa salvação do pecado, de Satanás e da morte. Ele é aquele que "suportou a cruz" por amor a nós, enquanto nós mesmos ainda éramos rebeldes contra o Todo-Poderoso (Hb 12.2). Na cruz, ele derrotou a minha rebelião e, com o dom do seu amor constante trabalhando em meu coração, eu posso amar minha própria filha e, assim, contribuir para que Deus derrote o pecado na vida dela.

Assim, minha consciência foi atingida pelo amor perdoador do Pai. Ele capturou o meu coração porque me amou e enviou seu Filho para morrer por mim quando eu ainda era seu inimigo (Rm 5.6-10). Tal amor foi o único poder capaz de penetrar a dureza interna do meu coração. Por sua vez, o pai que crê pode atingir a consciência do "inimigo jovem" ao expressar continuamente o amor perseverante de Cristo por ele, um amor que não pode ser vencido pela rejeição, desrespeito ou mesmo pelo ódio.

Mas, como você pratica esse amor? Quando esse amor deve ser terno? E quando deve ser firme? E quando deve ser apenas amigável, ou seja, apenas ser você mesmo de modo caloroso e aberto?

Até esse ponto, Rose Marie e eu havíamos definido bem essas diferenças. Quando Barbara estava doente, alguns anos antes, fomos bem ternos com ela. Um dia, ela chegou à nossa porta cambaleando de fraqueza. Rose Marie a abraçou e levou ao médico, onde ele diagnosticou sua doença como mononucleose. Nós cuidamos de Barbara e, quando nos pediu, oramos por ela.

Mas percebemos um padrão. Barbara vinha à nossa casa quando estava cansada de pecar e nos pedia orações. Isso aconteceu várias vezes. Finalmente, um dia Barbara apareceu na porta da frente e sua aparência estava horrível. Eu senti uma verdadeira angústia ao abraçá-la e acalmá-la. Novamente, ela queria oração por cura.

Depois de pensar um pouco, eu disse:

— Barb, fico contente em orar por sua cura, mas algo está errado aqui. Nós oramos por cura e você melhora. E então você vai e faz coisas erradas e fica doente novamente. Não está correto. Desta vez, eu quero orar para que Deus não a cure apenas, mas que ele a torne santa também. Isto é, para que você não queira viver nos seus pecados. Você concorda em me deixar orar pedindo que Deus a torne pura e santa?

Ela assentiu. Assim, orei para que o Pai celestial a tornasse uma pessoa santa como parte de sua cura total. Foi uma experiência sensata para nós dois e teve efeito na vida dela. Ela melhorou e alguns de seus antigos pecados começaram a ser abandonados.

Porém, deixe-me enfatizar que a forma mais importante pela qual nós demonstramos amor por Barbara foi recebendo ela e seus amigos em nossa família. Ao longo dos anos, nós continuamos a recebê-la e a receber quaisquer dos seus amigos que ela quisesse trazer. Nós tentamos fazer com que eles se sentissem bem-recebidos, especialmente em ocasiões especiais como o Dia de Ação de Graças, o Natal e em passeios familiares. Para muitos deles, vindos de uma cultura americana secularizada, nossa família deve ter parecido uma colônia extraterrestre, cidadãos do espaço. Bem, para nós, muitos deles também pareciam. Mas dissemos a eles que estávamos alegres com sua presença em nossa casa. Nós os alimentamos, rimos com eles e tentamos comunicar a eles que Deus os amava. Uma vez que a Bíblia nos ensina que toda pessoa foi feita originalmente à imagem de Deus, nós focamos em tratar Barbara e seus amigos com respeito e honra. Em particular, nós ouvimos suas ideias, fizemos perguntas, ouvimos suas respostas e, algumas vezes, discordamos delas. Nós também explicamos a base espiritual das nossas vidas e contamos a eles como nos tornamos cristãos.

O que estávamos aprendendo? Que o amor é uma coisa cheia de esplendor, compaixão e paixão? Certamente! Mas amor, em sua essência, é simplesmente demonstrar respeito aos outros, tratando-os com dignidade e fazê-lo independentemente de a pessoa ser digna ou não. Esse foi o presente que tentamos dar a todos os nossos filhos, e descobrimos que agora isso havia aberto as vidas de Barbara e Angelo para nós.

Na verdade, isso tinha um lado engraçado. O maligno, em seus esforços para destruir Barbara, estava colocando-a em contato com todo tipo de não cristão. Mas, cada vez mais, ela os trazia para casa! Todo um campo missionário, de fato, chegava à nossa porta. Entre os amigos de faculdade, os amigos extravagantes e os namorados de Barbara, nós fizemos um grande trabalho para o Rei. Por meio de suas perambulações, todo tipo de pessoa estava ouvindo o evangelho e sendo tocado pelo amor de Cristo.

Foi também um excelente treinamento para mim, tornando-me um pastor melhor e me preparando para um serviço missionário difícil em Uganda durante alguns dias desafiadores que ainda estavam por vir.

Para se ter uma ideia de como eu sou, você precisa me visualizar não somente como pastor, mas também como alguém que é como um professor de inglês de faculdade. Eu aprecio livros, tradições, cultura, filosofia — uma pessoa que gosta de passar parte do verão na Espanha ou visitando museus de arte. Antes de ser pastor, lecionei inglês para o ensino médio na Califórnia e durante vários semestres em tempo parcial em uma universidade, para não mencionar minha longa carreira ensinando no Westminster Theological Seminary. Eu também sou do Oeste, de origem bem austera, nas montanhas da costa do Oregon. Minha família tinha um pequeno rancho de gado, e meu pai trabalhava como caçador e armador de armadilhas para controle de predadores do governo.

FILHOS DESVIADOS

Pessoas como eu normalmente têm instintos bem conservadores. Mas Barbara e seus amigos estavam sempre lá para me ajudar a sair da minha concha. Foi uma experiência, digamos, em uma palavra: salutar. Eu tive de aprender a ser flexível e depender do Espírito Santo para me mostrar como distinguir entre meus próprios preconceitos sociais e os princípios que realmente importavam. Durante aqueles anos, percebi que muitas coisas que antes eu considerava princípios bíblicos eram simplesmente acréscimos, práticas que eu havia aceitado acriticamente como vontade de Deus quando, de fato, eram tradições humanas.

Por exemplo, vi que realmente havia apenas uma coisa que Rose Marie e eu devíamos proibir. Era que nossa casa não devia ser usada, sob qualquer circunstância, para fazer coisas que fossem imorais ou ilegais. Nós tornamos esse ponto claro para Barbara e, uma vez que fora compreendido, não tivemos grandes conflitos. Mas isso também nos libertou para apreciar Barbara e Angelo de outras formas que eram divertidas, como esquiar ou ter um alegre jantar caseiro com eles.

Eu tenho um interesse prático aqui para os pais cristãos. Muito frequentemente, nós nos permitimos ser configurados pelo maligno, que ama colocar um rótulo negativo em nós. Ele está muito determinado em que os jovens do nosso tempo vejam a mãe cristã como uma mulher desarrumada, que participa de infindáveis reuniões entediantes da igreja sem alegria alguma e o pai como uma figura severa e autoritária que diz "não" o tempo todo.

Portanto, não queremos que nossos jovens se deparem com cristãos de carteirinha, cujas vidas são definidas pelo que fazem ou deixam de fazer. Nós agradecemos a Deus porque, em algumas vezes, tivemos a coragem de dizer não quando todos os outros diziam sim, mas nosso chamado fundamental não é dizer não. O amor é mais abrangente do que isso. Ele tem disposição para ir onde os coletores de impostos e pecadores vivem, e fazê-lo com alegria. O nosso alvo deve ser exemplificar uma diferença santa — não nos comprometermos com o pecado. E nosso testemunho principal está em nossa alegria. Afinal, a Barbara mundana podia apenas fingir que estava feliz, mas os cristãos têm uma alegria que vai além das palavras. Por que não a compartilhamos?

Não muito tempo depois, tive uma oportunidade de compartilhar essa alegria com um amigo próximo de Angelo, que estava detido por drogas em um centro de detenção nas proximidades. Angelo e Barbara me pediram para visitá-lo. Eu fui.

O detento passou os primeiros cinco minutos me contando como era religioso. Finalmente, eu resumi gentil, mas firmemente: "Wayne, sinto muito. Por favor não tente me enganar. Todos têm seus joguinhos. Eu não vou jogar com você, mas não jogue comigo também. Se você quiser ser sério, eu posso te dizer como ter uma vida toda nova, com base na verdade e no amor. Você gostaria de ouvir sobre isso?".

Por um momento Wayne pareceu irritado. Eu pensei que ele argumentaria comigo. Mas então ele começou a sorrir e disse: "ok".

E então eu disse: "Veja, Jesus não entra em manipulações. Ele viveu uma vida de verdade e de amor. Agora, aqui está o que ele fez para nos ajudar...".

BARBARA

Na primavera de 1979, uma coisa maravilhosa aconteceu: eu acabei aceitando alguns conselhos do meu pai.

Angelo queria se casar; eu não tinha muita certeza. Lembrei-me do meu casamento anterior e estremeci. Enquanto eu ia e vinha nesse assunto, visitei meus pais. Sentados juntos na varanda dos fundos, comecei a lhes contar sobre meus planos de iniciar um doutorado em Ciência Política. Meu pai disse: "Daqui a quatro anos você terá vinte e oito anos. Quando você vai pensar em ter uma família?".

Meu queixo caiu. Eu disse: "Você não acha que primeiro eu preciso me casar?". Papai concordou e então perguntou o que estava impedindo meu casamento com Angelo. Essa foi a primeira vez em dois anos que Angelo e eu vivíamos juntos, que papai disse qualquer coisa sobre nosso relacionamento. Uma vez em dois anos não parecia importunação, e assim eu decidi dar a ele uma resposta honesta. Eu lhe contei sobre meu medo de errar em dois casamentos: "Todos se divorciam uma vez, mas duas?". Outra preocupação era que Angelo não tinha uma profissão e não parecia querer uma. Quando meu pai me disse que pensava que Angelo seria um bom pastor, eu apenas sorri. Mas quando ele falou que achava que nosso relacionamento já se parecia com um casamento e que nós devíamos nos comprometer publicamente, eu ouvi. Aqui, pela primeira vez, eu ouvi uma nota esperançosa na voz do meu pai enquanto discutíamos meu relacionamento com Angelo. O respeito óbvio do meu pai por Angelo me surpreendeu e me encorajou a pensar mais seriamente sobre casamento. Eu decidi que, aquela vez, eu aceitaria o conselho do meu pai. E, assim, Angelo e eu fizemos planos.

Nesse mesmo tempo, fui aceita nos programas de doutorado de várias universidades. Eu aceitei Stanford University em Palo Alto, Califórnia. Nós decidimos adiar nosso casamento para depois da nossa mudança, uma vez que tínhamos tantas outras coisas para organizar antes de partirmos. Angelo estava empolgado com a mudança, mas eu estava amedrontada. Eu estava deixando para trás tudo que me fazia sentir confortável. Apesar de saber que não poderia permanecer sem o doutorado para sempre, eu temia fracassar em Stanford. E se eu fosse reprovada? Tentei não pensar sobre isso. Fiz minhas malas e guardei meus temores para mim mesma.

Em contraste com meus temores e incertezas, eu começava a observar algumas mudanças surpreendentes em minha mãe. Eu havia ouvido em silêncio sua história sobre a experiência na Suíça anteriormente, mas não havia dado muita atenção. O que captou minha atenção, contudo, foi o desaparecimento das suas alergias duradouras e quase paralisantes. Por muitos anos, ela espirrava e assoava o nariz quando estava aborrecida, estressada ou cansada. Agora, pela primeira vez, ela andava por aí sem lencinhos de papel usados em seus bolsos. Ela parecia mais feliz e mais forte. Quando perguntei o que acontecera, ela disse que as alergias haviam desaparecido logo depois de ela ter se arrependido na Suíça. Embora isso não fizesse muito sentido para mim, fiquei impressionada.

A habilidade dos meus pais de crescer e mudar é o que mais me impressionou, mais até do que o constante amor deles e interesse por mim e meus amigos. Eu havia vivido entre não cristãos por muito tempo, e minha experiência era que a maioria das pessoas se torna mais amarga e mais decidida a não mudar à medida que a idade chega. O oposto aconteceu com meus pais.

Embora o primeiro indício dessa disposição para mudar tivesse sido quando meu pai me pediu para perdoá-lo, eu estava começando a ver outras mudanças na vida dele também. Sua tendência de ser impaciente e irritável com os outros estava diminuindo. Agora minha mãe acordava cedo para ler sua Bíblia — sem a caixa de lenços de papel ao seu lado. Eu não sabia como explicar essas mudanças, mas elas cravaram em minha mente.

Eu sabia que podia, por um ato de vontade, fazer grandes mudanças na minha própria vida. Mas me perguntava se elas atingiriam o cerne do meu ser de tal forma que até meu semblante parecesse diferente. Minha mãe e meu pai haviam mudado dessa maneira; eu imaginava se Angelo e eu mudaríamos assim um dia. Eu ainda não questionava o caminho que havia escolhido, e me sentia confiante de que um bom relacionamento e uma carreira satisfatória e de sucesso fossem os ingredientes para uma vida feliz. Minha principal preocupação, enquanto fazia as malas para ir para a Califórnia, era que eu não conseguisse as notas no programa de doutorado.

Se eu apenas conseguisse meu diploma — então eu estaria contente.

DISCUSSÃO PARA O CAPÍTULO 10

1. Neste capítulo, Jack diz que ele e Rosie Marie tinham "grande respeito por Barbara e lhe expressamos isso".
   a. Por que eles não tinham medo de que ela interpretasse mal a afirmação deles como aprovação do seu estilo de vida?
   b. Que exemplo eles estavam seguindo?

2. Jack diz que "a chave para ganhar o filho desviado... é alcançar sua consciência".
   a. De que forma ele diz que isso pode ser feito?
   b. O que pode ser um grande empecilho para essa empreitada?
   c. Como um pai desestruturado responde inconscientemente à rejeição de um filho?
   d. O que precisa acontecer antes de podermos amar da maneira como Deus nos ama?

3. Leia Hebreus 12.2-3 e 2 Tessalonicenses 3.5.
   a. Qual foi a marca do amor de Cristo por nós?
   b. Como esse amor alfineta nossa consciência? Como isso alfineta a consciência do pródigo?
   c. O que Jack diz ser a essência de demonstrar amor? Por que isso seria importante para Angelo e Barbara? Há alguém em sua vida a quem você precise oferecer a dádiva do respeito?

d. O que Jack considera que os pais devem evitar no relacionamento com seus filhos?

4. Leia novamente a parte de Barbara deste capítulo.
   a. O que mais a impressionou sobre seus pais nessa época?
   b. Por que Barbara ficou tão impressionada com a vida transformada deles quanto com a maneira como os amavam?
   c. Se você estiver enfrentando dificuldades com um pródigo, o que você imagina que ele está vendo em sua vida? Como isso se relaciona com o que Jack diz sobre conhecer o amor do Pai?

11
A ÚLTIMA BATALHA

JACK

Angelo se colocou de pé, limpou os olhos e parecia que iria dizer algo. Em vez disso, ele andou até a porta da frente, ficou sozinho por alguns minutos na varanda, tendo momentaneamente deixado o café da manhã de despedida para Barbara e ele. Nós estávamos também homenageando Barbara por ter recebido uma bolsa para trabalhar no seu PhD em Stanford. Nossa sala de estar estava lotada de amigos, parentes e líderes da New Life Church.

Por que Angelo havia saído? Tinha algo a ver com um presente que eles haviam acabado de receber.

Pouco tempo antes dessa celebração, soubemos que Barb precisava de mais 500 dólares para a mudança para o outro lado do país, em Palo Alto, e ela simplesmente não tinha. Nem Angelo. Eles estavam sentindo o aperto. O que fariam?

Como resultado, Pat House, um dos nossos diáconos, havia preenchido a lacuna. "Por que não fazer uma vaquinha?", perguntou ele. Para começar, ele fez uma contribuição, como também vários dos presbíteros da igreja, bem como Angelo e Mary Juliani, pais do Angelo. O presente ultrapassou os 500 dólares.

FILHOS DESVIADOS

Eu havia acabado de entregar o envelope com o dinheiro para Barbara. Levou um tempinho para que ela o abrisse. Ela parecia não ter qualquer ideia do que estava por vir. Quando ela viu, não sabia o que dizer. Angelo ficou tão impressionado pelo amor que motivou o presente que ele simplesmente se sentou em nosso sofá — impressionado. Ele estava tão chocado que precisou sair da sala para se recompor.

Esse foi um momento especialmente feliz para Barbara. Tanto a reunião quanto o presente foram nossa maneira de homenageá-la pelo trabalho duro que a havia trazido até esse ponto. Sua realização era impressionante. No ensino médio, ela era talentosa, mas ficava satisfeita apenas em passar de ano. No Dickinson College, ela não fora uma aluna excelente. Mas agora ela havia alcançado sucesso notável: trabalhava quase em tempo integral em um emprego exigente, enquanto estudava em tempo integral na Temple, e se formou com altas distinções. Em seguida, foi aceita em escolas de pós-graduação de várias das principais universidades no país.

Em resposta, Barbara simplesmente disse com prazer: "Estou maravilhada".

Mais tarde, Angelo disse a ela: "Nunca ouvi falar de uma igreja com esse tipo de amor. Fiquei chocado. Foi por isso que eu nem consegui ficar na sala".

Aquela noite foi repleta de gratidão a Deus. Eu sabia que ele havia motivado os cristãos em nossa igreja a ter esse tipo de interesse por Barbara. Eu senti que nossa "ofensiva do amor" estava chegando à sua fase final, porque agora não era mais amor proveniente só de nós. Dick Kaufmann, na época um presbítero ativo na New Life Church e agora pastor na Califórnia, e sua esposa, Liz, haviam demonstrado interesse especial por Barbara. Eles a visitaram, foram apresentados a Angelo e procuraram ser amigos dela.

Dick havia assumido a liderança na organização da vaquinha. E cada presbítero e respectiva esposa que estava lá naquela manhã haviam demonstrado interesse genuíno em Barbara e em Angelo. Tal espírito de bondade havia tocado os dois profundamente. Eu fiquei emocionado também e sabia que Barbara e Angelo tinham alguma percepção de que o amor de Cristo os estava alcançando por nosso intermédio. Suas barreiras e preconceitos contra os cristãos e a igreja estavam caindo — com estrondo!

Em nosso encontro na ponte em Melrose Park dois anos antes, Barbara disse que queria que eu a amasse incondicionalmente. Ela estava experimentando esse amor agora — de mim e de muitos outros. Barbara e Angelo suspeitavam de que nosso cuidado não vinha de nosso próprio poder ou bondade, mas de Jesus, o Rei, que nos havia ensinado como amar outros por meio de seu amor incondicional. O amor desta manhã foi um sinal visível da graça do Pai. Saber que o Pai estava agora buscando Barbara e Angelo, da mesma forma como certa vez buscou a mim e a muitos outros cristãos, me deu grande paz. Deus sempre estivera no encalço deles, mas agora estava notavelmente evidente que ele era o Grande Perseguidor deles. Usando o imaginário do poema de Francis Thompson, O cão de caça do céu, você agora podia ouvir "o compasso" dos pés perseguidores que chegavam mais perto ainda.

Mesmo assim, eu estava agitado. Eu estava satisfeito por nós, como líderes da igreja e família, termos demonstrado nosso amor por Barbara e Angelo. Porém, algo estava faltando. Por que eu sentia que a última batalha ainda não fora travada, que ela ainda estava por vir? O que ainda faltava?

Depois daquela celebração no café da manhã, eu sabia que havia algo doloroso que Cristo queria que eu fizesse. Uma vez que tantas orações haviam sido feitas por Barbara e por nós, eu tinha confiança de que Cristo me guardaria da minha inclinação natural de agir por minha vontade própria. Assim, quando um pensamento específico surgiu em minha mente, tive certeza de que o próximo passo estava sendo revelado a mim por Cristo.

Era um pensamento amedrontador — o fato de que Barbara *ainda* estava perdida. Três anos antes, havia ficado claro para ela mesma e a todos em geral que ela estava perdida; moralmente e espiritualmente, era como se Barbara estivesse dirigindo seu Jaguar verde em alta velocidade, na pista expressa, sem qualquer freio. Mas agora ela era uma alma moderada e disciplinada. A ordem tocava cada parte da vida dela. Ela e Angelo até se casariam em breve! Parecia que o pródigo havia voltado ao lar.

Mas, a reforma moral — e responsabilidade social — é o mesmo que retornar ao lar do Pai? Obviamente, não. Barbara ainda estava perdida, e sem Cristo ela iria para o inferno para sempre. Essa convicção veio a mim como uma compulsão quase irresistível. Eu sabia que, como seu pai, eu poderia ajudá-la a ver que mudar de proscrita para membro social ainda deixava sua vida em risco mortal. Mas, como eu falaria a ela sobre minha preocupação? Como eu a alcançaria?

Essa preocupação, na verdade, não me atingiu do nada. Ela tinha raízes mais profundas. Por algum tempo antes da ocasião do café da manhã de celebração, eu estava orando por um amigo cristão. Seu irmão não convertido havia entrado em coma e, até onde se sabia, havia morrido sem conhecer a Cristo. Esse amigo cristão e eu compartilhamos dessa tristeza juntos. O que tudo aquilo significava? Era possível se tornar um cristão em coma? Ou, citando um amigo cristão: "Eu levarei meu irmão comigo para o céu apenas como uma linda lembrança?".

Nós estávamos profundamente tristes com esse pensamento e expressamos nossa esperança de que, de alguma maneira, Cristo houvesse alcançado o irmão dele de um modo que ninguém sabia. Mas suas palavras me assombravam enquanto eu pensava sobre a minha própria situação. Apesar de tudo, isso seria o fim de Barbara também? Esses pensamentos me fizeram estremecer. Que tragédia isso seria!

    Se meu amor era genuíno, era para eu estar disposto a confrontá-la com essa questão vital. Seria doloroso, e ela poderia ficar irada e magoada. Mas concluí que, se Cristo estava trabalhando na vida dela, então sua reação inicial passaria. Se ele não estivesse trabalhando na vida dela, então não havia nada que eu pudesse fazer, de qualquer maneira. Entretanto, eu estava convencido de que ele a estava buscando e que agora o cão de caça do céu morderia nós dois. Minha fé era que, por intermédio da dor de tal encontro, Cristo revelasse seu amor por ela e quebrasse o orgulho que a deixou refém de seus próprios enganos.

    Assim, no final de agosto de 1979, me preparei para a última batalha. Comprometi-me a falar com ela dizendo, de forma simples e direta, como eu me sentia porque ela não estaria comigo no céu. Eu humilhei o meu orgulho e pedi a ela que se encontrasse comigo em nossa sala de estar.

    Ela se sentou na poltrona próxima à lareira. Eu me sentei do lado oposto a ela. Quando comecei, meus sentimentos eram mistos. Por um lado, estava me apoiando em Deus por causa do medo de que eu pudesse dizer algo tolo. Por outro lado, eu estava repleto de uma compulsão do amor de Deus em alcançar o coração de Barbara com a verdade sobre a vida e a realidade.

    — Barbara — disse eu — você sabe que sua mãe e eu estamos realmente contentes com quão bem você tem trabalhado e estudado. Esse é um momento precioso em nossas vidas, vendo você ir para Stanford e estabelecer planos para um bom futuro com Angelo. Mas há um peso no meu coração que eu sinto que devo compartilhar com você. O que quero dizer é que, no final das contas, esta vida acaba muito depressa. Tenho pensado nisso com respeito à minha própria vida. E quero que você saiba que para mim é muito triste pensar que quando eu for para o céu, eu somente levarei você comigo como uma linda lembrança.

Eu havia planejado dizer um pouco mais, mas quando aquelas últimas palavras foram ditas, Barbara ficou muito irada. Rose Marie, que havia acabado de entrar na sala, saiu rapidamente chorando. Mais tarde ela me disse: "Quando eu ouvi só um pouquinho dessa conversa, eu sabia que não conseguiria me conter. Comecei a chorar e fui para a cozinha".

Em sua fúria, Barbara me condenou veementemente. Isso continuou por vários minutos. O teor da denúncia era que eu estava sempre brigando com ela, jogando culpa nela e fazendo-a se sentir mal.

Enquanto ela continuava, eu ouvi, nada disse e orei. Orei com confiança de que Deus tocaria sua consciência com seu Espírito, para convencê-la de seu pecado e dar a ela o entendimento de que é insano organizar sua vida como se esse mundo atual fosse eterno.

Finalmente ela parou. Novamente, juntei coragem:

— Por que deve parecer errado que eu te diga o que realmente sinto? E eu realmente sinto isso. Eu não quero ir para o céu e somente levar você como uma lembrança bonita.

Eu nem havia acabado de pronunciar essas últimas palavras quando Barbara estourou novamente, com a mesma intensidade. Novamente eu orei e esperei. Quando ela parou, eu disse:

— Você não está correta. Você e eu não temos brigado nossas vidas inteiras. Isso é falso. Eu só consigo me lembrar de duas ou três brigas quando você era menor, e você ganhou todas elas. Na verdade, nós deveríamos ter tido mais conflitos e resolvido algumas coisas. Parece-me que não há nada de errado com o que eu acabei de dizer. O que há de errado em dizer que quero que você vá para o céu comigo?

A atmosfera estava em chamas, de tanta tensão. Mas, de repente, tudo aquilo foi interrompido. O olhar de Barbara mudou. Ela caiu no choro, atravessou a sala e caiu aos meus pés. Com lágrimas escorrendo pelo rosto, ela olhou pra mim e disse:

— Papai, nós iremos fazer isso mais vezes.— Ela sorriu. Eu também.

Eu a segurei e disse:

—Eu sei, Barb. Nós precisamos fazer isso mais frequentemente.

Por vários minutos, nós apenas ficamos sentados lá. Finalmente eu quebrei o silêncio:

— Barb, eu quero pedir que você faça somente uma coisa. Você pode pedir a Jesus que se revele a você? Só isso. Você pedir a ele para se mostrar a você?

— Farei isso — disse ela. — Eu quero fazer. Eu pedirei a ele que se revele para mim.

— Isso é tudo que peço. Isso é suficiente. Ele ouvirá a sua oração, eu sei que ouvirá. Eu amo você. Deus esteja com você.

Para mim, aquela última batalha com Barbara havia terminado. Eu havia sido impulsionado pelo Senhor a esse estágio final em sua "ofensiva do amor". A consciência de Barbara agora havia sido confrontada em um nível profundo. Eu não tinha dúvidas de que isso era obra de Deus e que logo ele a completaria.

BARBARA

Antes de nos mudarmos para a Califórnia, Angelo e eu pedimos ao meu pai que fizesse um cartão de crédito em conjunto comigo. Tendo em vista que nós não tínhamos dinheiro suficiente para chegar à California e arrumar o apartamento, contaríamos com algum crédito extra para nos ajudar. Papai concordou em fazer isso e disse que veria o que mais poderia fazer para nos ajudar. Nós não prestamos muita atenção a ele e continuamos com nossos planos de sobrevivência.

    Minha família nos convidou cerca de uma semana depois para uma pequena reunião de amigos e parentes que queriam se despedir de nós. Angelo e eu ficamos impressionados ao ver uma pilha de cartões sobre o móvel para abrirmos. Ao nos sentarmos para abrir cada um, descobrimos que havíamos recebido mais de 800 dólares. Nós ficamos emocionados com a enxurrada de amor que recebemos de pessoas que frequentemente ignorávamos e desprezávamos. Angelo, em particular, ficou tocado. Ele sabia que havíamos ganhado algo em troca de, literalmente, nada. Nós nem havíamos sido bondosos com a maioria daquelas pessoas, mas, apesar de ninguém ali ser rico, cada um deles havia nos dado presentes consideráveis. Nós não tínhamos como explicar, mas estávamos agradecidos.

    Eu já mencionei a propensão do meu pai em sempre trazer notícias boas e ruins juntas, e logo descobri que ele realmente tinha algumas notícias ruins para acompanhar o presente generoso. Por ter sido esse o nosso último confronto, está gravado em minha memória. Ele se sentou em uma poltrona no lado oposto a mim na sala de estar onde eu conversava com minha irmã, Keren, que estava doente, deitada no sofá. Ela ficou lá, como auditório forçado, durante toda a nossa discussão. Quando nossas vozes se elevaram (ou, quando a minha se elevou — ninguém mais na minha família grita), ela simplesmente afundou mais a sua cabeça. Em certo ponto, ela olhou para cima brevemente e disse: "Não consigo acreditar que vocês estão tendo a mesma velha discussão". Ela estava correta.

    Nossa conversa começou com posições bem estabelecidas, mas quando Papai me disse que queria que eu fosse para o céu com ele, eu estourei em ira por causa da implicação de que eu estava indo direto para o inferno. Eu gritei com ele sobre quão ruim nosso relacionamento era e como nunca melhoraria se ele continuasse me ameaçando com o inferno. Depois que terminei, ele fez algo que mudou toda a conversa e o relacionamento. Ele parou de falar e apenas olhou para mim tranquilamente. Até hoje tenho certeza de que ele não faz ideia do impacto que isso teve em mim. Eu nunca havia visto meu pai ficar sem palavras. Eu não sabia como lidar com aquilo.

Eu fui longe demais? Imaginei. Algo muito importante deve ter acontecido para silenciar meu pai dessa forma. De repente, quando olhei para aquele pequeno homem quieto do outro lado da sala, conclui que eu o amava. Eu não queria machucá-lo mais.

Finalmente ele disse: "Eu sei que você não pode se fazer cristã. Você não pode se tornar aquilo que não é. Por que você não ora para que Deus se revele a você?".

Com aquelas palavras, a briga e a rebelião me deixaram. Ele entendeu. Eu não era cristã e não podia mudar a forma como eu me sentia ou quem eu era. Eu lhe disse que pediria a Deus para se revelar a mim, e assim o fiz. Quando Keren se sentou e pediu um Tylenol, eu fui buscar um, com sentimento de alívio. Coloquei toda a questão nas mãos de Deus. Se ele existia, ele teria de me mudar. Eu não poderia fazer isso, e minha família — não importa quão bondosa e amável fosse — também não poderia.

Na semana seguinte, Angelo e eu empilhamos todos os nossos bens terrenos em nosso velho Datsun verde e dirigimos em direção à Califórnia.

DISCUSSÃO PARA O CAPÍTULO 11

1. Jack diz que não estava satisfeito com a "reforma moral e a responsabilidade social" de Barbara.
    a. Por que a mudança de Barbara não trouxe conforto definitivo aos seus pais?
    b. Por que teria sido mais fácil ficar satisfeito com "a nova Barbara"?
    c. Você, às vezes, se satisfaz com mudanças superficiais na vida daqueles que você ama?

2. Neste capítulo, Jack e Barbara tiveram seu último conflito. (Eles nunca mais tiveram outro!)
    a. Por que esse conflito foi doloroso para Jack?
    b. O que deu a ele a coragem para ir em frente com o conflito?
    c. A preocupação dele sobre o destino eterno de Barbara era algo que ele abordava com frequência no relacionamento deles?
    d. Se ele tivesse falado com ela sobre esses assuntos mais frequentemente, teria mudado o impacto da conversa?

3. Jack e Barbara fizeram um relato um pouco diferente do último conflito deles.
    a. O que mais impressionou Barbara sobre o que seu pai fez ou não fez?
    b. O que Jack disse que foi um grande alívio para Barbara?

c. Que princípios para conflito construtivo você pode encontrar neste capítulo?
d. Você pode aplicar esses princípios a alguma situação em sua vida?

12
ENFIM, NO LAR

JACK

A carta estava datada de 10 de setembro de 1979. Veio de Russel, Kansas. Em parte, dizia:

> Enquanto dirigimos pelo Kansas, torna-se claro para nós porque Dorothy sentiu a necessidade de alucinar Oz. A rodovia corta todo o estado, descendo ligeiramente para acomodar colinas isoladas. Angelo dirige e eu leio em voz alta. Ontem eu terminei *Uma Dobra no Tempo*, e agora estou lendo *Um Vento à Porta*.[1] Angelo nunca havia ouvido leituras em voz alta e está amando. Eu também amo. Consigo apreciar novamente a beleza dos escritos de Madeleine L'Engle.

Barbara estava de bom humor. Depois de chegar a Palo Alto, ela e Angelo encontraram um lugar para morar, Barbara fez a

---

1 Publicados no Brasil pela HarperCollins.

matrícula de suas matérias e Angelo conseguiu um trabalho como garçom. Nós não sabíamos, mas eles também se filiaram ao Movimento Socialista Feminista.

Rose Marie e eu estávamos considerando seriamente ir para Uganda por vários meses a partir do final de novembro. Nós havíamos sido convidados para ajudar a estabelecer uma congregação Presbiteriana naquele lugar, como a New Life Church. Era uma grande decisão. Pouco antes disso, em agosto, uma equipe missionária havia chegado a Kampala, que transbordava hostilidade e tiroteios, e quando os membros da equipe decidiram ser prudentes e retornar a Nairobi, o apartamento deles foi alvejado com muitos tiros.

Muitas perguntas surgiram em nossas mentes. Nós temos coragem de ir para Uganda? É sábio ir? Todas as noites pessoas eram mortas na capital. Estávamos prontos para encarar nossas próprias mortes? E, mais importante de tudo — era da vontade de Deus?

Quanto à New Life Church, não parecia haver razão para não irmos. Ron Lutz e John Julien, agora co-pastores bem estabelecidos, tinham dons excelentes para o ministério e eram líderes provados e confiáveis. Os programas da igreja estavam indo bem. Dick Kaufmann havia nos ajudado com o recente fortalecimento de nossa estrutura organizacional. Bill Viss, que retornara do ministério com refugiados da Uganda em Nairobi, Quênia, estava começando a liderar nosso programa de evangelismo. Eu, pessoalmente, senti que seria bom para a igreja e sua liderança ficarem menos dependentes de mim. Mas, mais do que tudo, eu queria que nossa igreja contribuísse para levar o evangelho a Uganda.

Depois de conversar com os presbíteros, família e membros da igreja, nós decidimos ir se a questão da segurança melhorasse. Por meio de ligações telefônicas com Dr. Kefa Sempangi, um pastor refugiado ugandense que fora presbítero em nossa igreja por vários anos, soubemos que a situação de segurança em Kampala havia melhorado e que a hostilidade aos americanos gerada pela propaganda do ex-ditador Idi Amin estava diminuindo rapidamente.

Assim, Rose Marie e eu fomos para Uganda no final de novembro, acompanhados por um grupo da nossa igreja composto por David Powlison, Bob Heppe, Phil Gross e Walt Kendall. Rose Marie e eu tivemos uma breve luta pessoal antes de sairmos. Para mim, especialmente, foi uma ocasião de análise da alma, seguida por uma nova rendição à vontade de Deus e libertação do temor.

Satanás não queria que fôssemos, porque sabia de algo que não sabíamos: que nossa decisão influenciaria outros. Lá da Califórnia, Angelo estava nos observando. Um dia, ele disse a Barbara: "Acho que eu gostaria de ir a Uganda com seu pai e sua mãe". Barbara ficou atônita. Ela não podia crer naquilo: "Nossa, você teria de se tornar um cristão!". "Eu sei, tenho pensado sobre isso...".

Mais tarde Angelo nos disse que nossa disposição em morrer pelo que críamos desempenhou um papel importante em convencê-lo de que Cristo é uma pessoa viva — o que é um passo enorme para alguém que está considerando o Cristianismo. Nossa viagem também foi usada por Deus, mais tarde, para levar Angelo e Barbara a repensar o relacionamento deles com o Movimento Socialista Feminista.

Antes de viajar para Uganda, eu tive uma oportunidade a mais para desafiar Barbara a repensar sobre uma das suas últimas fábulas particulares. Com o passar dos anos, eu havia aprendido a ouvi-la e sabia que havia muitos contos pessoais, como O Mágico de Oz, nos quais ela havia crido. Sua principal fábula era assumir o papel da personagem de vítima de abuso, especialmente como vítima dos seus pais e de qualquer outra pessoa próxima a ela. A fábula nº 2 era a ideia de que você pode encontrar felicidade na Cidade dos Homens sem referência à eternidade. Eu sabia que essas fábulas eram mentiras. Eu também sabia que elas precisavam ser expostas, que é o que havia acontecido em nosso encontro na sala de estar em Jenkintown.

Naquele momento, eu queria me concentrar na fábula nº 3, que dizia respeito à ideia de que a educação tem certo tipo de poder renovador em si, especialmente a educação no contexto de uma escola de elite. Eu simplesmente queria ser o tipo de amigo de Barbara que a ajuda fazendo perguntas inquisitivas.

Ela e eu tivemos algumas longas conversas telefônicas durante os dias anteriores à nossa partida para Uganda. Eu mais ouvi do que falei. Essencialmente, Barbara estava à procura da luz ao mesmo tempo que ainda resistia a ela. De modo particular, sua consciência havia se tornado notavelmente sensível ao assunto da integridade no aprendizado e em toda a vida. Ela me disse que estava cansada de ser falsa. Sua antiga postura — a de que ela era feliz sendo não cristã — havia morrido de morte merecida. E a pós-graduação era sua última esperança:

— Por vários anos tenho tentado me reformar, ser mais honesta — ela me disse ao telefone —, mas como universitária da Temple não era nem um pouco difícil recompor as ideias de outras pessoa e elaborar algo que parecesse original. Na verdade, eu era uma astuta mutuária de ideias. Isso não é integridade. Eu não posso fazer isso na pós-graduação. Eu não quero fracassar, mas preferiria isso a fazer um aglomerado de ideias de segunda mão. Meu problema é que estou vazia e realmente não tenho quaisquer ideias originais ou capacidade para organizá-las.

Houve um longo silêncio. Finalmente eu disse:

— Barb, aonde é que tudo isso a leva? Eu estimo sua integridade, e concordo que seja melhor abandonar tudo do que ser uma impostora. Posso orar por você, mas parece que você precisa levar seu caso a uma corte mais alta. Pense sobre isto: Há alguma coisa na pós-graduação que pode dar a você esse tipo de integridade? Quem, além de Deus, pode te ajudar?

Houve outro silêncio.

— Você está esperando que a educação faça o que somente Deus pode fazer? — perguntei. — Você já considerou que ele é a fonte de todo conhecimento e sabedoria?

***

Em Uganda, cresci na confiança de que Deus é o Mestre que tem o controle de toda a vida e da nossa família em particular. Confiei que ele estava montando um quebra-cabeça que traria glória para ele e salvação para Barb e Angelo. Pela primeira vez, minha expectativa de que Deus tinha coisas grandes em mente que também incluíam a salvação de Angelo estava crescendo.

Eu amava o povo de Uganda e o ministério que encontrei lá. Os pastores Peterson Sozi, Edward Kasaija, Joseph Musuitwa e Patrick Kamya nos levaram a um local em Kampala entre o Mercado Owino e a favela Kisenyi. Lá nós oramos com nossos corações. Era um dos lugares mais perigosos em uma cidade perigosa, mas Deus trabalhou poderosamente nos pastores e na nossa equipe. Rose Marie foi conosco, trabalhou com as mulheres no Africa Foundation Orphanage, e à noite demos testemunho aos asiáticos e líderes do governo que estavam confinados conosco no grande International Hotel.

Rose Marie demonstrou grande coragem ao testemunhar nos mercados e grande graça ao servir a Cristo na igreja. Ela foi especialmente eficiente ao apresentar a mensagem cristã aos asiáticos no hotel. Mesmo assim, ela considerava a vida difícil em Kampala. Ela ficou particularmente atônita com a falta de humanidade que os seres humanos demonstravam entre si durante aquele período turbulento.

FILHOS DESVIADOS

As pessoas brancas estavam relativamente seguras se ficassem fora das ruas durante a noite, mas os pobres ugandenses eram vítimas de uma cidade onde a lei e a ordem simplesmente desapareciam com o entardecer. Os demônios da desordem e revanche saiam pelas ruas à noite. Pela manhã, frequentemente os oficiais da cidade recolhiam de vinte a trinta corpos daqueles que haviam sido mortos na noite anterior. Velhos ressentimentos, amargura, conflitos tribais e cobiça assassina eram a herança terrível dos anos de governo de Amin.

Em meados de fevereiro, nós estávamos voltando para casa. Desembarcamos no Aeroporto Internacional Kennedy, alegres por estarmos em casa com nossa família e amigos da New Life Church. Foi uma reunião alegre.

Em nossa família, Deus estava demonstrando continuamente seus métodos vitoriosos. Barbara e Angelo estavam agora casados, e Barbara havia perdido a maioria de suas ilusões. Dorothy precisava, de alguma maneira, voltar para Kansas[2] — para o mundo real. Ela precisava de ajuda para ter um casamento que desse certo, e agora estava pronta para admitir que necessitava de perdão para os seus pecados.

Rose Marie ligou para Barbara para falar sobre sua experiência em Uganda:

— É difícil imaginar a desordem daquele pequeno país. À noite você ouve tiros e pela manhã as autoridades podem recolher os corpos deixados nas ruas. Mas a crueldade humana toma muitas formas. Havia tanta indiferença para com os pobres e os órfãos! Em nosso hotel, um asiático que trabalhava para um dos bancos foi obrigado a sair de seu quarto com toda a família, enquanto se recuperava

---

2 N.T.: Referência à personagem principal de *O Mágico de Oz*, Dorothy, que, na vida real, morava em uma fazenda no Kansas antes de ser transportada à mágica Terra de Oz.

de um sério ataque do coração. Isso aconteceu porque seu empregador atrasou o pagamento de sua conta do hotel. No hotel, não havia água nos quartos em grande parte do tempo, e você precisava ir ao corredor para pegar a água amarela da mangueira de incêndio para jogar no vaso sanitário. E, então, quando a água chegava, muitas pessoas haviam deixado as torneiras dos banheiros e pias abertas, e a água inundava os quartos e corredores, fazendo com que os tetos enfraquecessem e, algumas vezes, desabassem. Para dizer a verdade, eu lidei bem com a maioria de tudo isso. O mais difícil foi ver a desumanidade das pessoas. Tantas foram brutalizadas pela experiência Amin, que somente sabiam ser brutais. Meu tempo lá, na verdade, abriu algumas velhas feridas. Quando finalmente cheguei a Genebra, voltando de Uganda, eu sabia que havia tido um colapso naquele país. Foi um choque cultural para mim, e eu não tinha os recursos para lidar com ele. Tornei-me uma pessoa irada e me retraí. Na Suíça, a barragem rompeu. Eu chorei e, por fim, finalmente pedi ao seu pai 'Por que eu não consegui amar mais o povo? O que há de errado comigo?'. Ele apenas respondeu: 'Algumas vezes você age como uma órfã — como se não houvesse o Espírito Santo para lhe ajudar. Você não sabe que está em parceria com o Pai e que ele a ama e quer ajudá-la?

Houve um longo silêncio na linha depois que Rose Marie terminou. E então, bem devagar, com uma voz trêmula Barbara disse:

— Mãe, é desta maneira que eu também me sinto.

A confissão de fraqueza de sua mãe ganhou o coração de Barbara.

Não muito tempo depois dessa conversa, Angelo disse a Barbara:

— O feminismo socialista simplesmente não vai funcionar. Todos os envolvidos são muito egocêntricos. Ninguém está pronto para se sacrificar por ele. Uma organização assim só pode funcionar se você estiver disposto a dar a sua vida por ela, como o seu pai e sua mãe estavam quando foram para a Uganda.

Poucas semanas mais tarde, recebemos um telefonema entusiasmado de nossa nora Jill:

— Mamãe! Papai! Barbara se tornou cristã! Ela está tentando ligar para vocês, mas não consegue. Liguem para ela rápido!

Mas as boas notícias não paravam por aí. Duas semanas mais tarde, uma segunda ligação telefônica nos informou que Angelo também havia se tornado cristão.

Nós exultamos em louvor! O que mais poderíamos fazer a não ser honrar o soberano Senhor que os comprou com seu sangue e havia agido com tanta sabedoria ao trazê-los para si?

BARBARA

Angelo se adaptou à vida em Stanford muito mais facilmente do que eu. Logo depois de chegarmos, ele já havia encontrado parceiros para jogar tênis e descobriu os melhores locais para jogos de basquete. Ele achava a vida na Califórnia maravilhosa, enquanto eu não estava tão certa disso. Sentia-me intimidada. Eu considerava que todos que eu encontrava eram mais inteligentes do que eu e sabia com certeza que tinham maior conhecimento de leituras. Os alunos do primeiro ano da pós argumentavam sobre estruturalismo enquanto eu não tinha muita certeza do que era aquilo. Quando precisei fazer uma apresentação em minha aula de teoria política, fiquei tão nervosa que congelei. Fiquei literalmente perdida, sem palavras. Em outra aula, nós tivemos de escrever artigos e então fazer cópias deles para o restante da classe discutir. Quando chegou minha vez, minha cópia do artigo estava rasgada em pedaços. Fiquei devastada e tinha certeza de que seria reprovada.

Desesperada, me esforcei mais do que nunca. Eu ficava o dia todo na biblioteca e trabalhava durante a noite. Tentei construir bons relacionamentos com meus colegas e professores. Todas as quartas, Angelo e eu tínhamos um "ajunta panelas" em nossa casa para alunos e professores. Começamos a nos envolver politicamente e nos filiamos ao New American Movement (NAM), um grupo socialista-feminista. Nós nos reuníamos uma vez por semana e discutíamos formas pelas quais podíamos mudar o mundo.

Até mesmo quando comecei a me sentir mais à vontade em Stanford, ainda estava certa de que eu era material descartável. Conversei com meus pais sobre meus medos e meu desejo de ter integridade em meu trabalho. Concluí que escrever artigos que eram uma colcha de retalhos das ideias de outros não funcionaria na pós-graduação. Afinal, as ideias dos meus professores eram as que eu teria de usar — eles escreviam os livros dos quais eu tomava emprestadas as ideias! Enquanto o final do semestre se aproximava, entrei em pânico. Como último recurso, eu orei — por notas máximas.

Quando recebi minhas notas, fiquei chocada — havia funcionado! Recebi só notas máximas. Eu e outro aluno havíamos nos saído melhor do que qualquer um em nossa sala de primeiro ano. Dei um suspiro de alívio e tentei me esquecer de que Deus havia respondido às minhas orações.

Eu ainda não queria me tornar cristã. Parecia haver muitas razões para isso. Em primeiro lugar, havia Angelo. Nós ainda não estávamos casados e eu não conseguia imaginar desistir do nosso relacionamento. Eu também não queria me tornar cristã e então estar casada com alguém que ficasse em casa lendo o jornal de domingo enquanto eu ia para a igreja. Em segundo lugar, o que meus amigos de Stanford diriam? Como eu poderia continuar tendo o respeito deles se abraçasse uma ética cristã ultrapassada? Portanto, resolvi ignorar o assunto de Deus em minha vida. Eu sempre havia subestimado a mim mesma e minhas habilidades, e decidi que conseguir boas notas não era resposta de oração, mas simplesmente uma indicação da minha inteligência e trabalho árduo.

Eu me esforcei muito para ignorar Deus e me preparar para o Natal. Os únicos problemas que eu tinha eram uma dor de cabeça de tensão e a tendência de chorar todas as vezes que ouvia o nome de Jesus ser mencionado. Quando eu ouvia o *Aleluia de Handel* nos shoppings, eu chorava. Eu assisti à ópera *Amahl e os Visitantes da Noite* na televisão e chorei. Angelo só olhou para mim e meneou a cabeça.

Quando as aulas reiniciaram, a pressão voltou também. Na verdade, as matérias estavam ainda mais difíceis. Eu ouvi minha mãe me contar sobre como ela se sentira como uma órfã e eu sabia que eu era exatamente a mesma coisa. Eu abri a Bíblia e comecei a ler os Evangelhos. Enquanto lia sobre Jesus, fui dominada por seu amor pelo povo. Eu me sentava na cozinha lendo a Bíblia com lágrimas escorrendo pelo rosto. Quando olhei para mim mesma pelos olhos de Jesus, me tornei menos preocupada com o que eu teria de abandonar para me tornar cristã e mais interessada com a probabilidade de Deus algum dia me aceitar. Finalmente, me vi como uma pessoa completamente egocêntrica. Entendi que todas as minhas boas ações eram egoístas. Enquanto todos em Stanford me elogiavam pelos jantares semanais, eu os organizava simplesmente porque precisava fazer amigos e me sentir aceita. Eu vi claramente os motivos por trás das minhas atitudes e todos tinham como alvo o meu próprio progresso.

Mesmo assim, eu não podia me esconder da presença de Deus. Por onde eu ia, sentia que ele estava ao meu redor. Caminhei pelo campus do country club de Stanford impressionada porque nunca havia estado consciente de Deus. Um dia, enquanto caminhava para a aula, comecei a pensar sobre uma pessoa a quem eu havia prejudicado. Comecei a rever a situação toda com vergonha e constrangimento. De repente, me ocorreu que era exatamente por esse tipo de coisa que Jesus havia morrido. Eu não precisava mais me sentir culpada por como eu era. Em vez disso, eu podia dizer a Deus que eu estava arrependida e ser perdoada por causa do que Cristo havia feito quando morreu por meus pecados na cruz. Pela primeira vez, o peso da culpa foi levantado das minhas costas. Eu entendi que, querendo ou não, eu cria em Jesus e precisava segui-lo. Eu sabia que ele é o caminho, a verdade e a vida e não podia mais fingir outra coisa. Surpreendentemente, eu nem queria.

 Eu fui para casa e decidi que o próximo passo era contar às pessoas que eu era cristã. Primeiro, eu escrevi uma carta para Angelo (nós havíamos nos casado algumas semanas antes), e então liguei para os meus pais. Quando eles não atenderam, liguei para minha cunhada Jill, e ela contou a eles. Meus pais ligaram e logo meu pai me pediu para orar com ele ao telefone. Imaginei se ele estava me testando (hábitos antigos demoram a morrer!), mas eu estava feliz em orar com ele. Todos nós estávamos extasiados. Angelo chegou em casa e leu a carta. Ele foi solidário, mas tinha duas exigências. "Eu nunca", disse ele, "irei para a igreja, e nunca orarei em voz alta. Eles são ridículos!". Eu disse que concordava, mas pedi a ele que lesse a Bíblia comigo. Uma vez que a leitura da Bíblia não estava na sua lista de atividades ridículas, começamos lendo a Bíblia juntos todas as manhãs. Frequentemente eu começava meu trabalho escolar e o deixava ainda lendo no jardim.

 No domingo de Páscoa, o irmão de Angelo, Larry, insistiu em que fôssemos todos juntos à igreja. Larry estava nos visitando nessa época e não era mais religioso do que Angelo, mas sua ideia de Páscoa era ir à igreja com sua família. Assim, nós todos fomos para a igreja Presbiteriana que eu estava frequentando. Enquanto Larry contava as vidraças nas janelas de vidros jateados, Angelo foi convencido do amor de Deus por ele. Depois que saímos do culto, Angelo me contou que ele cria em Jesus. Várias semanas depois, após uma luta intensa com seu orgulho, ele orou em voz audível e aceitou Cristo como seu Salvador.

DISCUSSÃO PARA O CAPÍTULO 12

1. No capítulo 10, vimos quais mudanças em Jack e Rose Marie trouxeram uma boa impressão a Barbara.

   a. O que foi que impressionou Angelo na vida da família Miller? Com o que ele contrastou a disposição deles de morrer?

   b. Mais uma vez nós vemos que, embora Barbara e Angelo tivessem sido tocados pelo amor da família Miller, eles também foram impactados grandemente pela forma como Jack e Rose Marie viviam suas vidas. Leia Gálatas 5.6. Como esse versículo desafia você?

2. Neste capítulo, Jack lista três "fábulas" nas quais Barbara cria.

   a. Quais são elas?

   b. Você pode identificar alguma "fábula" na qual um pródigo em sua vida possa estar colocando a sua confiança? E quanto à sua própria vida?

3. Rose Marie e Barbara levavam vidas muito diferentes. De que maneira fundamental elas descobriram que eram parecidas?

4. Existem momentos em que você luta com a situação de "agir como um órfão"? Tire algum tempo para meditar em João 14.15-21.

5. Como Deus respondeu à oração de Barbara de que "ele se revelaria a ela"?
   a. O que Deus revelou a ela antes de se mostrar a ela?
   b. Por que esse primeiro passo é tão importante?

13
UMA REDE DE GLÓRIA

JACK

A classe de Escola Dominical ficou em silêncio. Os jovens e adolescentes esperavam para ouvir o que Barbara diria. Ela falou vagarosamente e com verdadeiro sofrimento. "Eu amo muito vocês... e quero todos vocês no céu comigo". Barbara estava quebrantada de tanta preocupação com a frieza espiritual de alguns dos jovens da New Life Church. "Deixe-me contar a vocês sobre Jesus e seu maravilhoso amor", continuou ela. "Você pode aprender com ele..."

A cena que se seguiu foi bem parecida com aquela que aconteceu quando compartilhei a mesma preocupação com Barbara cinco anos antes. Quando Barb falou aquelas palavras, alguns dos jovens mais indiferentes foram tocados e começaram um redirecionamento doloroso de suas vidas para Cristo. Durante a semana, o primeiro veio a ela e fez um compromisso com Cristo. Logo outros se seguiram.

Quando eu disse a Barb que não queria ir para o céu sem ela, isso despertou sua consciência para os assuntos relacionados ao destino eterno. E esse despertamento ainda está colhendo resultados hoje. Enquanto escrevo isso, quase seis anos depois, Angelo e Barb dirigem o ministério de jovens da nossa igreja. Enquanto Barb antes era fria para o amor de Jesus Cristo, agora ela sente o poder daquele amor, tanto por si mesma quanto por esses jovens. Tem sido uma mudança memorável.

Ter, mesmo que seja uma medida pequena, de amor sincero por outra pessoa é um milagre. Ter um grande amor por outros é sinal de que o reino de Deus invadiu o nosso mundo. Significa que a revolução de Deus chegou e que Cristo preparou um contra-ataque ousado ao egocentrismo que galopa enfurecido por nosso século.

Jesus, o Filho de Deus, era o único que poderia ter revolucionado a vida de Barbara. A glória é dele. Ele, ninguém mais, colocou amor em sua vida! A parte mais importante que Rose Marie e eu tivemos foi aprender a sair do caminho e colocar nossas vidas ao dispor dele para sermos usados de maneiras frequentemente contrárias aos nossos próprios instintos. Cristo capturou Barbara de uma forma que enfatizou a indisposição dela de se submeter a ele e nossa incapacidade de mudá-la. De fato, mais de uma vez, ele nos fez ver que precisávamos ser resgatados tanto quanto Barbara — talvez até mais, já que não há uma barreira mais impenetrável ao amor de Deus do que o sentimento de estar correto. Muito frequentemente, o senso de justiça própria controla as atitudes dos pais em relação ao filho rebelde.

Para todos nós, o poder para mudança veio da presença perseguidora de Jesus. Ele pegou nossa humanidade, falhas, erros e pecados e, daquela mistura pouco promissora, ele teceu uma rede de amor, uma poderosa teia de glória que ainda está crescendo e mudando muitas vidas.

Considere alguns dos fios nessa rede. Após Angelo e Barbara se tornarem cristãos na primavera de 1980, ela terminou seu mestrado em Stanford e deixou o programa de PhD com o objetivo de retornar para casa. Ela assumiu um trabalho como professora na Spruce Hill Christian School, onde nosso filho, Paul, era diretor. Angelo começou a estudar no Reformed Episcopal Seminary. Esses desenvolvimentos continham certa quantidade de ironia, pois Barbara, quando era adolescente, jurou que jamais faria duas coisas: ensinar em uma escola cristã e se casar com um seminarista. Dentro de seis meses da sua conversão, ela havia feito ambas!

Quando Angelo e Barbara retornaram para casa, eles tiveram muito trabalho pela frente. As pescas agora se tornaram os pescadores e, em breve, eles descobririam, como Rose Marie e eu havíamos descoberto, que a morte deve preceder a ressurreição. A primeira resistência com a qual eles se depararam veio da nossa filha Keren, que é cinco anos mais nova que Barbara. Um dia, no final de abril de 1980, eu passei pela cozinha onde Keren estava preparando o jantar e lhe perguntei o que ela pensava sobre Barbara e Angelo terem se tornado cristãos. Ela pensou por um momento e meneou a cabeça. E então disse diretamente com um lampejo dos seus olhos azuis: "Barbara? Sim, creio que posso acreditar que ela tenha se tornado cristã. Mas Angelo? Papai, o senhor o conhece bem? Eu não acredito!".

Eu sorri e não disse nada. Mas pensei comigo mesmo: *O Rei está agindo e muitas pessoas ficarão surpresas com suas realizações. Sabe o que mais, querida Keren, ele está no seu encalço também.*

Na sabedoria de Deus, Rose Marie e eu voltamos para Uganda quando Barbara e Angelo chegaram em nossa casa em junho. O governo instável de Godfrey Binaisa havia caído por um golpe militar. Em maio, portanto, retornamos a Kampala para ajudar a cuidar da principiante Igreja Presbiteriana que havia sido estabelecida lá. Também estávamos preocupados com a segurança de Kefa Sempangi, um líder de grande visibilidade no governo Binaisa, agora extinto. Assim, não estávamos em casa para receber Barbara e Angelo, mas Keren estava. Na verdade, era difícil para ela escapar deles, uma vez que haviam mudado temporariamente para a nossa casa.

Imediatamente eles descobriram que geralmente é mais fácil espalhar uma ilusão do que comunicar a verdade. Por muitos anos, Barbara havia projetado a imagem: "Eu sou feliz. Mas os cristãos não são". Angelo também havia impressionado Keren como uma pessoa que se sobressaía — um grande atleta, excelente dançarino, bom de conversa e competente bartender e garçom. Keren havia recebido a mensagem dos dois de que o brilho do mundo é muito doce e só precisa ser provado para ser apreciado. Por outro lado, as mulheres cristãs pareciam se vestir com roupas feias e não usar maquiagem, se devotar a ter bebês e lavar fraldas e gastar qualquer energia extra participando de jantares tipo "ajunta panelas" e vendendo artesanato para beneficiar os pobres.

Agora Barbara e Angelo podiam, em certo sentido, ver em Keren uma versão mais jovem de si mesmos, e começaram sua missão de comunicar o amor de Deus a ela.

Eles sabiam que primeiro tinham de ensinar uma verdade a Keren: sem Deus, a vida no mundo é entediante. Keren também sabia pouco sobre os intensos temores que prendem a vida interior de muitos não cristãos sensíveis. Era demais esperar que ela soubesse que muitos não cristãos buscam prazer porque é o único alívio da dor de casamentos fracassados e vidas arruinadas. O prazer é o único analgésico que eles têm para mortificar seus sentimentos de desprezo próprio e solidão.

Mas, depois de algumas experiências próprias, Keren também começou a responder ao amor de Cristo. Enquanto Barbara a buscava, Keren começou a repensar seus valores e, para seu assombro, entendeu que o amor de muitos não cristãos era apenas superficial, enquanto o amor de cristãos como Barbara era notavelmente persistente. Ao mesmo tempo, Bob Heppe, que havia trabalhado conosco em Uganda, passou a conhecer Keren melhor, e teve grande participação em sua conversão. Antes do ano terminar, Keren havia confiado sua vida a Cristo. Mais tarde, Bob completou sua parte neste bom trabalho se casando com Keren!

Não apenas Barbara havia retornado, mas, por fim, ela foi acompanhada por muitos outros. Vários de seus alunos do penúltimo ano do ensino fundamental se identificaram com ela e se tornaram cristãos por intermédio do seu testemunho. Alguns anos mais tarde, Sally Osier, uma amiga de longa data de Barbara, da cidade de Dickinson, começou a nos visitar e passar a noite em nossa casa. Sally é uma jovem adorável, tão loura quanto Barbara é morena. Aos poucos ela encheu Barbara, Angelo e a mim de perguntas sobre assuntos espirituais. Finalmente, em um almoço de domingo, comentei com Sally:

— Você tem feito várias perguntas ultimamente. Você está conseguindo alguma resposta?

Depois de saber que ela entendera as boas-novas da mensagem cristã, perguntei gentilmente:

— Bem, o que a impede de se tornar cristã?

Aquela pergunta foi saudada com uma explosão de risadas felizes de Barbara e Sally. Tenho certeza de que minha face demonstrava grande surpresa.

— Estamos rindo — disse Sally — porque Barb acabou de me fazer essa pergunta hoje de manhã.

Naquela semana, Sally entregou sua vida a Cristo. A rede atrai mais pessoas continuamente. Eu poderia contar sobre muitos outros que encontraram a graça de Deus por meio do amor de Cristo trabalhando por intermédio de Barbara e Angelo, mas você já entendeu o todo.

FILHOS DESVIADOS

É uma imagem notável. Após Keren se casar com Bob, eles foram para Uganda por certo tempo. Estou escrevendo este livro em Málaga, Espanha, e em poucas semanas Rose Marie e eu nos uniremos a Keren e Bob em Dublin, onde plantaremos uma igreja juntos. Sally hoje está casada com John Songster, um antigo membro da nossa equipe de Uganda. Angelo discipulou líderes entre os jovens de modo bem parecido com a maneira como o discipulei após sua conversão. Vários desses jovens levaram outros a Cristo.

Há também a terceira geração de Angelos, com quase três anos de idade. Como Angelo e Barbara, ele já demonstra habilidade atlética e salta muito bem, o que não nos surpreende! Ele também é ótimo animador, especialmente para seu irmão mais novo Gabriel, atualmente com quase um ano de idade.

Nesta semana, Angelo foi eleito pastor de jovens em tempo integral na New Life Church. Ele e Barbara agora vivem conosco em nossa antiga casa espaçosa em Jenkintown, com a mãe de Rose Marie, que está com 96 anos de idade, e Tia Barbara, irmã de Rose Marie. Angelo e Barbara assumiram grande parte do evangelismo que nós fazíamos anteriormente. Eles são uma mistura rara: eles entendem a Bíblia e sua mensagem de graça, e também compreendem as pessoas.

O que eles possuem, e que Rose Marie e eu aprendemos com eles continuamente, é como ser exemplos de pessoas que amam. Eles amam muito. Eles se doam aos jovens que vêm e se sentam diante da nossa lareira no inverno ou em nossa mesa de piquenique no verão. É claro que Barbara e Angelo enfrentam dificuldades também. Eu me sinto triste por eles quando veem jovens correndo de Deus e ignorando a voz de Cristo. Eles se desesperam e ficam perturbados com a obstinação daqueles a quem buscam. É um território familiar. Muitas vezes você vê quão raso é o seu próprio amor e se pergunta se ama alguém da forma correta. O pior é que algumas vezes a lembrança do perdão de Deus se torna embaçada e você começa a se sentir distante e superior àqueles a quem está buscando. Você pode se tornar um caçador frio e profissional em vez de um pastor amável procurando o rebanho desgarrado.

Mas Cristo está sempre espalhando sua rede de glória fielmente. Apesar das nossas fraquezas, Cristo continua trabalhando. Constantemente ele nos traz às nossas muitas pequenas mortes de tal forma que possamos experimentar muitas ressurreições. É por isso que é uma alegria viver e trabalhar com Angelo e Barbara. Juntos, estivemos perdidos — mas fomos encontrados novamente. Todos nós estávamos mortos para Deus e seu amor, mas agora estamos vivos. Todos nós fomos muito perdoados. Certa vez Jesus disse: "Mas aquele a quem pouco se perdoa, pouco ama" (Lc 7.47). O outro lado da moeda é que quem foi muito perdoado, muito ama.

BARBARA

Meu pai fala de uma rede de glória que Deus teceu ao redor de mim e de Angelo e, por fim, alcançou muitas pessoas. Mas qualquer um que tenha me encontrado logo após eu me tornar cristã ficaria surpreso por eu anunciar o evangelho a qualquer pessoa. Foi difícil para mim contar aos meus colegas de Stanford que eu era cristã. Mesmo antes de Angelo se tornar cristão, as pessoas se afastavam com desconforto quando ele mencionava que estávamos lendo a Bíblia juntos. Certa vez, tivemos companheiros de jantar que praticamente correram da mesa depois de perguntarem "o que há de novo?" e Angelo responder: "A Bíblia!". Ler o Alcorão teria sido mais bem-recebido.

Porém, eu sabia que minha preocupação com a opinião dos outros era um dos meus maiores problemas, e então orei todos os dias para que fosse capaz de dizer às pessoas o que estava acontecendo na minha vida. Finalmente, consegui compartilhar minha nova fé com muitos. Muitas vezes eu não era muito coerente, mas perseverei.

Também descobri um novo modo de viver. Eu tinha uma paz e uma alegria na minha vida que nunca havia experimentado. Até mesmo meus estudos, apesar de ainda traumáticos, não eram mais o fardo que eram antes. Agora eu podia tirar tempo para apreciar o mundo ao meu redor — as flores, o clima azul constante da Califórnia e as estrelas à noite. Pela primeira vez, tive uma sensação de pertencimento no mundo. Finalmente eu havia descoberto que Deus, não eu, era o centro do mundo, um conhecimento que me deu liberdade para desfrutar a vida. Na sala de aula, enquanto estudava minuciosamente Marx e Hegel, eu podia sorrir diante do contraste entre o conhecimento que estava adquirindo em Stanford e a sabedoria que Deus oferece, que "é, primeiramente, pura; depois, pacífica, indulgente, tratável, plena de misericórdia e de bons frutos, imparcial, sem fingimento" (Tq 3.17). Quando percebi o quanto precisava aprender sobre a sabedoria de Deus, decidi que a pós-graduação não era mais o lugar para mim. Depois de ter completado o mestrado, Angelo e eu voltamos para casa na Filadélfia.

O ano seguinte foi difícil. Deus usou os alunos do penúltimo ano do ensino fundamental de Spruce Hill para expor muitos dos meus pecados de tal forma que eu tive de reaprender continuamente a principal lição da Califórnia: que Jesus morreu por meus pecados e não mais os atribuía a mim.

Enquanto Angelo e eu compartilhávamos nossas vidas com os jovens na escola e na igreja, conhecemos a dor do tipo de amor incondicional que Deus havia ensinado aos meus pais durante minha rebelião. Eu sempre achei que Deus tem um senso de humor aguçado. Quão irônico era que Barbara Juliani, a garota que ignorava os cristãos, agora ia ao encalço de adolescentes que tinham o mesmo sentimento que ela. Para alguém que ama ser apreciada, essa não é uma tarefa fácil.

Embora nossa vida não esteja sendo fácil, nunca é enfadonha. As recompensas têm sido maiores do que qualquer coisa que eu tive enquanto fugia de Deus, e minha maior recompensa tem sido nossos dois filhos. Eu sempre acreditei que nunca teria filhos, pois estava confusa demais para saber como criá-los e simplesmente rejeitei a ideia. Depois de me tornar cristã, entendi que agora eu estava livre para me tornar mãe. Embora sempre houvesse rejeitado a ideia de ser dona de casa e mãe para mim mesma, agora estou contente em ficar em casa e cuidar da minha família.

Outra recompensa tem sido a oportunidade de ver meu marido crescer e mudar. Quando nos tornamos cristãos, eu sempre apresentava a ele os ensinos da lei ("não, Angelo, nós não podemos sonegar impostos"). Ele sempre ficava feliz em aprender comigo, e, com o passar dos anos, Deus tem aprofundado seu entendimento de tal forma que agora ele me ensina. Angelo sempre foi um cara legal, mas de alguma forma eu nunca o havia imaginado como o líder espiritual que ele é hoje. E há o fato de que eu sempre jurei que não me casaria com um pastor. Um dia desses, Angelo entrou em casa com os novos cartões de visita que a igreja havia impresso para ele. Com orgulho, ele indicou seu título: "Pastor de Jovens".

Conhecer Jesus também nos aproximou das nossas famílias maiores. Morar com meus pais tem sido um grande suporte para nós e enorme ajuda em nosso ministério com os adolescentes. Mamãe, papai e eu nunca tínhamos nos entendido tão bem. Nós apreciamos morar juntos, trabalhar juntos e orar juntos.

Os pais de Angelo também preenchem uma grande parte das nossas vidas. Ele vem de uma família italiana unida, que, como meus pais, sempre nos procuraram com amor, mesmo quando nos mantivemos no nosso próprio caminho egocêntrico. Mas, logo depois de Angelo se tornar cristão, ele escreveu e agradeceu aos seus pais por tudo que haviam feito por ele, especialmente pelo amor e altos padrões morais que estabeleceram em seu lar. Isso foi o princípio de um novo relacionamento com eles. Quando ouço amigos reclamando dos seus sogros, agradeço a Deus pelos meus.

Finalmente, tem sido uma grande alegria ver o amor de Deus tocar as vidas das pessoas que nos rodeiam. Em particular, fico espantada em ver como Deus chama aqueles a quem nunca sonharíamos que se tornariam cristãos. Minha amiga Sally foi uma dessas pessoas. Ela é bonita, rica e inteligente, e sempre a admirei. Fiquei tão nervosa para contar a ela que eu me tornara cristã que esperei até a sobremesa de um longo almoço para dar a notícia. Ela não disse muita coisa, mas começou a gastar mais e mais tempo me ligando de longe, de Harrisburg. Depois de alguns anos, ela finalmente rompeu a barreira e foi à igreja comigo. Eu ainda estava surpresa quando ela me disse ao telefone que sentia que Deus a estava chamando. Fiquei mais chocada ainda quando ela orou comigo mais tarde naquela noite. Embora Deus tenha transformado muitas vidas com o passar dos anos, eu ainda fico surpresa todas as vezes. Depois de viver por tanto tempo em um mundo onde eu somente via pessoas se tornando mais amargas, ainda fico admirada ao ver Deus mudar pessoas de tal maneira que elas são preenchidas com amor e não com ódio.

Oito anos atrás, se alguém tivesse me pedido para fazer uma lista de todas as coisas que eu não queria que acontecessem comigo, quase tudo em minha vida hoje teria aparecido naquela lista. É verdade que amamos um Deus que pode fazer mais por nós do que podemos pedir ou pensar. Eu nunca teria escolhido essa vida. Mas eu nunca fui mais feliz do que sou.

DISCUSSÃO PARA O CAPÍTULO 13

1. Jack diz que Jesus deixou que eles vissem "que nós precisávamos ser resgatados tanto quanto Barbara".
   a. Por que eles também precisavam ser resgatados?
   b. O que Jack diz que pode ser uma barreira impenetrável ao amor de Deus?
   c. Você tem visto isso em sua vida?

2. Jack também diz que "o poder para mudar veio da presença perseguidora de Jesus" e que Jesus tomou os pecados e fracassos de muitos e teceu uma rede de glória. Neste capítulo, Jack detalha aquela "rede de glória" na vida de Barbara e Angelo.
   a. Anteriormente, você escreveu a sua linha do tempo espiritual. Leia Hebreus 11. Considere agora quem está na nuvem de testemunhas assistindo à sua jornada de fé (os seus ancestrais espirituais).
   b. Escreva o nome das pessoas que estariam em sua própria "rede de glória".
   c. Como isso o encoraja em suas orações pelos pródigos que fazem parte da sua vida?

14
PAIS! TRANSFORMEM OS SEUS PROBLEMAS EM OPORTUNIDADES

JACK

"Jack! Olhe a Barbara!" Com esse grito, Rose Marie mergulhou nas águas rápidas do rio Smith.

O que eu vi me congelou até os ossos. Lá na água, nossa Barbara, com três anos de idade, nadava cachorrinho calmamente, sua pequena cabeça submersa pela metade no rio. A forte correnteza a arrastava rapidamente rio abaixo para as águas mais profundas.

Eu também mergulhei no rio. Momentos mais tarde, Rose Marie e eu tínhamos Barbara segura em nossos braços em uma pequena praia arenosa, e eu tentava explicar à nossa filha que esse rio do norte da Califórnia era perigoso. Isso não ficou registrado em sua memória. Em sua mente, o "nado" havia sido agradável — então, por que o alarde?

Esse resgate inicial foi uma apelativa parábola de nossos erros em nossa busca posterior por Barbara. Ela dramatiza o modo como nós queríamos que Deus nos ajudasse a resgatá-la. Nós queríamos pular na água, puxar Barbara para fora sem nem nos molharmos muito no processo.

Isso, como vocês viram, não foi o que aconteceu. Nós não poderíamos ser o salva-vidas de Barbara. Somente o nosso Pai celestial pode fazer isso, e ele o fez de maneira maravilhosa. Nós desempenhamos um papel em seu resgate, é claro, mas Deus nunca nos permitiu colocar mais do que o joelho na água rasa.

Além do mais, nós passamos a entender que também precisávamos de resgate. Barbara não era a única que manipulava as pessoas. Não é difícil para um pai ou uma mãe ver através de um adolescente rebelde estratagemas para conseguir e manter posições de poder na família, mas é outra coisa quando você, pai ou mãe, tem de confrontar as suas próprias técnicas manipuladoras em sua ânsia por consolidar seu poder.

O jogo principal que os pais fazem está tão solidificado na mentalidade parental que somente a graça pode libertar o praticante de sua servidão. Esse jogo é o *controle*. Os pais controladores veem o filho como sua posse, quase como uma extensão de suas próprias personalidades. Controle é o esforço dos pais em exercer um governo como o de Deus sobre a vida do filho. Na maior parte das vezes inconscientemente, eles desejam o poder de moldar o filho à sua própria imagem, sem respeito pela integridade da consciência própria do filho. Os pais frequentemente sentem que devem controlar o filho para proteger suas próprias reputações. Os fracassos do filho, creem eles, são os fracassos dos pais.

No entanto, essa imposição da vontade dos pais é um ato de rebelião contra Deus que, sozinho, tem a posse definitiva do filho e o controle sobre ele. Entretanto, é difícil para os pais detectarem essa rebelião. Muitas intervenções parentais são corretas e boas em si mesmas. Sem ação imediata, por exemplo, Barbara teria se afogado nas águas daquele rio do norte da Califórnia. Qualquer filho que não é disciplinado firmemente nem criado amorosamente por seus pais provavelmente se tornará um adolescente monstruoso. A criação efetiva exige *sim* certa quantidade de regras parentais, especialmente nos primeiros anos.

Mas, controle é outro assunto totalmente diferente. Ele é perigoso porque o pai que o pratica omite algo essencial. Muitos pais e mães estão simplesmente mais satisfeitos com a conformidade do filho e menos interessados na motivação e desejos ocultos do jovem, o que a Bíblia chama de "intenções do coração". Na maioria das vezes inconscientemente, os pais egocêntricos trabalham para formar um filho ordeiro, que se porta bem em público e não envergonha a família perturbando o *status quo*. O problema, é claro, não está no comportamento do filho, mas na formação de uma pessoa com uma consciência dessensibilizada, um ator que nunca aprendeu a amar de coração a Deus ou as pessoas.

Abra qualquer dos Evangelhos e você verá o produto final da ênfase na conformidade: o comportamento dos fariseus. Jesus os chama de hipócritas, o que literalmente significa "atores de teatro".

Quando o controle se torna bem-sucedido em famílias cristãs, toda uma geração de hipócritas passa a existir. Esses atores podem parecer servir à igreja fielmente; eles podem até estabelecer famílias aparentemente boas para si. Eles podem levar adiante as tradições da fé. Infelizmente, eles podem ganhar a reputação de conhecer a Deus ao passo que seus corações são como o do irmão mais velho na parábola do Filho Pródigo. Embora seu corpo permanecesse em casa, seu coração estava longe do pai e das suas alegrias. Em alguns aspectos, o irmão mais velho estava mais perdido do que o jovem e, o que era pior, estava inconsciente disso.

Entretanto, o mais comum é que o controle estimule a rebelião. Você pode dizer ao seu filho: "Venha para Cristo", apesar de suas ações e atitudes poderem dizer algo bem diferente. Na verdade, você pode estar comunicando isto: "Eu quero que você pense e aja como eu, seja bem-comportado como eu, seja uma cópia exata minha". Em tais circunstâncias, um convite para vir a Cristo soará ao jovem como um convite para abandonar sua identidade, e será interpretado como um convite a ser dominado pelo pai e não por Cristo. Para o filho que está sob o controle de uma mãe ou pai cristão, a salvação significa perda de identidade. Considerando esses aspectos, que jovem ia querer ser salvo?

De acordo com a Bíblia, "enganoso é o coração, mais do que todas as coisas" (Jr 17.9). Ele pratica até o autoengano. Eu sei que muitas vezes tentei inconscientemente controlar meus filhos não para a glória de Deus ou para o bem-estar espiritual deles, mas por amor à minha própria paz de mente e reputação. Quando você, como pai ou mãe, persiste nesse erro, você acaba tendo uma sobrecarga do tipo errado de conflitos durante o crescimento do seu filho. Você se verá em uma luta infindável de poder com as ambições egocêntricas do adolescente colidindo com o seu próprio amor pelo domínio. Desesperado, você pode assumir o papel de "vítima inocente" como o mais adequado à sua experiência. Uma vez que o seu controle foi rejeitado pelo filho, agora você se vê como mártir santo, sofrendo nas mãos da sua descendência porque assumiu uma postura contra um filho rebelde e uma cultura jovem egocêntrica.

Um fato deve ficar claro até aqui: nenhum de nós é inocente. Apesar da rebelião do filho pródigo ser má, a rejeição mais sutil a Deus do filho mais velho foi tão má quanto a do mais jovem. Como pais, nós falhamos de muitas maneiras que nunca enxergamos. Embora cada pessoa seja responsável por seus próprios pecados, os pecados dos pais podem causar danos aos filhos. Assim, em conflitos com os seus filhos, resguarde-se de se considerar excessivamente inocente. Não viva uma mentira ou engane a si mesmo com relação aos seus próprios fracassos. Os filhos jogam os jogos deles; os pais jogam os seus: jogos de controle e de fingir ser a vítima inocente. Não admitir nossos jogos, insistir o tempo todo em nossa inocência, é adotar o que os psicólogos definem como neurose. Arthur Miller certa vez escreveu que o lugar mais inocente em qualquer país é o hospício: "Lá as pessoas navegam pela vida totalmente inocentes, incapazes de se enxergarem. A perfeição da inocência, na verdade, é a loucura".[1]

Como cristãos, nós rotineiramente reconhecemos que somos todos pecadores. Pode ser que não sejamos todos *rebeldes sem lei*, mas ainda assim é verdade que todos nós estamos manchados pelo pecado. Como? Por nossa rejeição interior ao controle de Deus sobre as nossas vidas. Nós continuamente tentamos assumir o controle, correr nossa própria corrida, ser nosso próprio chefe. O pecado não é apenas fazer coisas ruins como desonrar os pais, mentir, enganar, roubar ou cometer adultério. É também dizer a Deus: "Não, o Senhor não pode me governar. Eu reinarei sobre mim e minha família e dependerei de mim mesmo e não de ti para treinar meus filhos. O Senhor pode me prestar assistência de vez em quando, quando as coisas estiverem desesperadoras, mas não permitirei que o Senhor tenha o controle total".

Mas a descoberta dos nossos pecados apresenta uma grande oportunidade. Nossa reação instintiva é nos sentirmos ameaçados e então nos defendermos, mas isso seria perder a oportunidade de conhecer a Deus dando um passo radical que revolucionará nossas próprias vidas e, a seu tempo, a vida de noss família.

Considere quão insatisfatória grande parte da sua vida é no presente. Você anseia por ser uma pessoa melhor e um pai ou uma

---

[1] Arthur Miller, *With Respect for Her Agony – but with Love*, [Com Respeito à Sua Agonia – mas com Amor] *Life* 55:66 (7 de Fevereiro, 1964).

mãe melhor, mas nunca consegue atingir esse alvo. Pode ser que você até precise admitir que, como mãe ou pai, frequentemente você esteja obcecado com suas próprias ansiedades, dores e fracassos. Impulsionado pela frustração, você pode ir de livro para livro, de conselheiro para conselheiro, tentando encontrar os manuais que o transformarão em uma mãe ou pai bem-sucedido. Mas a dificuldade não está nos conselheiros ou nos livros sobre vida familiar e treinamento de filhos; está em você.

Qual é o real problema? Pode ser que você simplesmente não conheça tanto quanto deveria sobre a graça de Deus. Talvez você nada saiba sobre isso.

Mas isso também é a sua grande oportunidade. A graça está disponível àqueles que têm conhecimento, consciência, em fé, de suas mais profundas necessidades, uma necessidade que é a mesma para todos os seres humanos, mas que, enquanto formos bem-sucedidos em todos os aspectos da nossa vida, permanece sendo uma necessidade da qual não temos consciência. Rose Marie e eu encontramos essa mesma oportunidade em nossa longa, vagarosa e árdua luta para alcançar Barbara ao descobrirmos continuamente que você não pode confiar em nada de si mesmo nesta jornada. O reconhecimento de nossa própria inabilidade nos trouxe para mais perto de uma experiência verdadeira da graça.

Gradualmente nós conseguimos ver que a nossa necessidade de graça tem dois lados:

1. O conhecimento do amor incondicional de Deus por mim como filho de Deus, adotado em sua família com base na confiança pessoal em sua morte por meus pecados (Gl 4.4-5)

2. A contínua rendição de minha vida ao controle do Espírito do Filho de Deus, para não pensar mais como órfão abandonado e, sim, com confiança plena no Pai (Gl 4.6).

Rose Marie havia sido levada por Deus a um compromisso verdadeiro por meio do encontro com o Pai perdoador naquele culto de Ceia na Suíça. Ela depositou sua fé na morte sacrificial de Cristo por ela na cruz, e Deus lhe assegurou que havia perdoado seus pecados e a aceitado como sua filha querida agora e para sempre. Ao mesmo tempo, ele a capacitou a começar a entregar sua vida ao controle do Espírito Santo.

Antes desse trabalho da graça, Rose Marie havia sido mais uma espectadora, me observando em minha jornada de buscar Barbara. Ela assistia com amor, mas, citando-a, "com a impotência e o sentimento de derrota que seguem a mente de um órfão". Após seu encontro extraordinário com o Pai, ela relatou que possuía um novo senso de perdão e conseguiu fazer o seguinte:

- Confiar no controle de Deus sobre Barbara e não tentar controlá-la por seu próprio esforço maternal e vontade própria.
- Rejeitar a ideia de que ela era uma vítima impotente, uma órfã injustiçada, esquecida e não amada pelo Pai
- Desenvolver confiança firme de que Deus tem um plano perfeito para nossa família e para Barbara.
- Orar por Barbara com nova autoridade e particularidade, pedindo as promessas de graça no Espírito de filiação, e ver Barbara começar a mudar como resultado.
- Suportar a dor como mãe e continuar com a ofensiva do amor mesmo quando parecia produzir poucos resultados.

- Aprofundar e enriquecer sua amizade com Barbara com transparência e amor incondicional.
- Crescer em sua habilidade de falar à consciência de Barbara e outros por meio de aprender a ouvir, fazer perguntas e aplicar as Escrituras concretamente.
- Apoiar-me em oração quando Barbara e eu passamos pela culminante última batalha que a fez vencer o obstáculo final.

E assim nossa história chega ao seu clímax com esta percepção: o que parecia ser uma derrota trágica para nós, como pais, tornou-se uma oportunidade sem precedentes para crescer e amadurecer como cristãos e aprender coisas extraordinárias sobre Deus e seus caminhos.

Se você luta com um filho rebelde, peça a Deus que lhe mostre sua perspectiva de poder em relacionamentos humanos. Com ela, você aprenderá que o poder de Deus não consiste na capacidade de controlar outros ou ganhar a discussão com manipulações. Em vez disso, começa com a liberação de amor quando você perdoa seu filho desviado. Ela se expressa na capacidade de suportar quando o seu próprio amor é ignorado ou até rejeitado. É o poder de articular uma ofensiva de amor, fazendo o bem exatamente quando você é injustiçado. É também o poder de confrontar o pecado com lágrimas e grande humildade, e esperar até aquele dia em que você verá uma silhueta familiar vindo pela estrada em direção ao lar. Então isso se torna o poder de ir em frente e incondicionalmente dar as boas-vindas àquele que estava perdido, o poder de celebrar com os anjos o retorno do filho perdido.

Obviamente, nenhum de nós tem esse poder em si. Você não pode trabalhar fé duradoura e amor a partir do espírito humano. Mas Cristo o dá àqueles que estão dispostos a abandonar sua própria inocência, seu próprio controle, sua própria autopiedade preciosa. Humilhe-se, submeta-se a ele e peça graça em sua profunda necessidade. Peça a ele para se revelar a você. Peça a ele a certeza plena de que o Filho de Deus levou todos os seus pecados e o transformou de órfão em filho.

Em seguida, releia este livro e veja como você pode aprender com ele a organizar a sua própria ofensiva de amor. Eu não tenho dúvidas de que o Pai fará por seu pródigo o que ele fez por nós e nossa filha Barbara e pelas muitas pessoas que também vieram com ela e Angelo à casa do Pai.

BARBARA

Quando, pela primeira vez, eu contei aos meus pais que não era cristã, penso que eles esperavam que Deus me desse um soco doloroso para me fazer enxergar a luz e voltar correndo para casa. Frequentemente eu sentia, com irritação, que meus pais e a comunidade cristã estavam orando para que catástrofes me trouxessem de volta rápido. Muitas coisas dolorosas aconteceram a mim durante aquele período, mas a obra do Espírito Santo era me levar gentilmente das trevas para a luz.

Ao olhar para trás, vejo minha vida como a grande sala de estar em nossa casa. À noite, quando inicialmente entro nela, rapidamente ligo a luz para conseguir ver. Mas a sala é tão grande que, enquanto a atravesso, preciso continuamente ligar vários interruptores. Somente quando chego ao outro lado é que a sala inteira está iluminada. Em minha vida, Deus ligou aquelas luzes para mim e então me guiou para a próxima lâmpada. Se ele tivesse ligado todas ao mesmo tempo, não creio que eu teria suportado a luminosidade sobre a vida bagunçada que teria sido revelada. Em vez disso, Deus me mostrou a verdade sobre mim mesma pouco a pouco, em partes com as quais eu podia lidar. Neste último capítulo, quero falar sobre algumas das luminárias que Deus ligou, que eventualmente me levaram à Luz do Mundo.

Quando adolescente, tive profundas experiências de inseguranças e ansiedade. A princípio eu atribuía minha depressão ao fato de meus pais me "empurrarem o Cristianismo garganta abaixo". Eu acreditava que o que faltava para mim eram divertimento, entusiasmo e coisas materiais que o mundo tinha a oferecer. Mas, depois de colecionar e descartar um marido, um amante com o qual morei, várias casas, roupas, joias, uma frota de carros e 16 leões-da-rodésia, a primeira luz brilhou em minha mente. Eu compreendi que o caminho para a felicidade não era por meio do hedonismo. Eu havia provado o que o mundo tinha a oferecer e aquilo não me fazia mais feliz.

A próxima luminária que Deus acendeu tinha relação com minha própria responsabilidade. Até a época do treinamento em autoajuda, eu cria firmemente que os outros eram culpados por quem eu era e as coisas ruins que haviam acontecido comigo. (Eu nunca tive problemas em receber o crédito pelas coisas boas). Minha vida toda teve um foco diferente quando descobri que eu, não meus pais, amigos ou amantes, era responsável por meus próprios sentimentos e ações. Eu ainda tinha muita ansiedade e depressão, mas não pensava mais que os outros eram culpados.

Na época em que fui para Stanford, eu pensava mais claramente em muitas áreas, mas ainda cria que se pudesse mudar minhas circunstâncias, eu seria uma pessoa feliz e pacífica. Eu não estava mais focada nas fantasias adolescentes de riqueza material e felicidade. Em vez disso, eu tinha uma fantasia adulta que incluía o sucesso e o impactar o mundo. Foi um grande choque quando a próxima luz chegou à minha vida e eu entendi que, mesmo esse sonho sendo realizado, isso não me traria felicidade. Lembro-me de escrever para minha irmã, Keren, dizendo que mesmo me vendo vestida com um terninho de tweed, falando perspicazmente a grupos de alunos de olhares pasmos e escrevendo livros de grande valor, eu percebia que, sob tudo aquilo, eu ainda seria a mesma velha Barbara — temerosa e ansiosa a respeito de tudo. Por fim, enxerguei que mudar minha fachada não mudaria meu interior.

A última luminária que clareou toda a sala da minha vida mostrou-me como eu realmente era. Somente então eu pude ver que meus temores estavam enraizados em meu egocentrismo e meu relacionamento quebrado com Deus. Agostinho fala sobre um vazio no coração do homem que é destinado a Deus e nada mais. Eu vi que estava tentando preencher aquele vazio com coisas e atividades, algumas boas e outras ruins. Continuei imaginando por que eu não estava satisfeita com todas as coisas que havia adquirido ou feito. Por fim, entendi que somente Deus podia preencher minha necessidade dele. Mesmo agora, quando ocasionalmente me distancio do meu primeiro amor, Deus continua me lembrando de que minha necessidade mais profunda é ter um relacionamento certo com ele.

Há muitos benefícios em escrever essas partes para o livro do meu pai. Certamente a mais importante foi a oportunidade de rever e relembrar tudo que Jesus fez por mim e por minha família. Não posso menosprezar, porém, a oportunidade de agora terminar este livro e, ao fazê-lo, ter a última palavra. Aqui está:

— Obrigada, mamãe e papai, e obrigada, Jesus.

FILHOS DESVIADOS

DISCUSSÃO PARA O CAPÍTULO 14

1. No início deste capítulo, Jack diz que ele e Rose Marie queriam ser "o salva-vidas de Barbara".
   a. Por que esse tipo de resgate seria atrativo a eles (e a nós)?
   b. O que essa metáfora ignora a respeito dos relacionamentos entre pais e filhos?

2. Jack diz que "o principal jogo que os pais fazem... é o *controle*".
   a. Como era esse jogo na família Miller? Como é na sua família?
   b. Quais são as duas respostas que os filhos dão quando seus pais jogam o jogo do controle?
   c. Quando tentamos controlar nossos filhos "não para a glória de Deus", mas para nossa "paz de mente e reputação", o que nossos filhos pensarão que ser cristão significa?

3. Por que a graça de Deus veio a ter novo significado para os Miller? Quais são os dois lados da necessidade deles de graça?

4. Use o terceiro parágrafo na página 192 para ajudá-lo a resumir a mensagem deste livro.
   a. De todas as coisas que Jack menciona neste parágrafo, qual você considera precisar de mais graça para executar?
   b. Releia a parábola do filho pródigo (Lc 15.11-32). Peça graça para amar como o Pai e para evitar os pecados do irmão mais velho.

FIEL MINISTÉRIO

O Ministério Fiel visa apoiar a igreja de Deus, fornecendo conteúdo fiel às Escrituras através de conferências, cursos teológicos, literatura, ministério Adote um Pastor e conteúdo online gratuito.

Disponibilizamos em nosso site centenas de recursos, como vídeos de pregações e conferências, artigos, e-books, audiolivros, blog e muito mais. Lá também é possível assinar nosso informativo e se tornar parte da comunidade Fiel, recebendo acesso a esses e outros materiais, além de promoções exclusivas.

Visite nosso site
www.ministeriofiel.com.br

Esta obra foi composta em Minion Pro Regular 11,4, e impressa
na Promove Artes Gráficas sobre o papel Polen 70g/m²,
para Editora Fiel, em Fevereiro de 2025.